前　言

为了进一步贯彻落实国务院《关于加快发展现代职业教育的决定》（国发［2014］19号）、教育部《关于实施国家中等职业教育改革发展示范学校建设计划的意见》（教职成［2010］9号）、《关于加强和改进中等职业学校学生思想道德教育的意见》（教职成［2009］11号）、《中等职业学校德育大纲（2014年修订）》和《关于中等职业学校德育课课程设置与教学安排的意见》（教职成［2008］6号）等文件精神，我校在国家中等职业教育改革发展示范学校建设过程中，坚持以立德树人为根本，大力弘扬社会主义社会核心价值观，为了更好地适应医学类中职学生的成长和毕业后从事医药卫生类工作岗位的需要，勇于探索，大胆创新，对中职学校现有德育课程进行改革，将德育课程《职业生涯规划》与《职业道德与法律》进行整合，编写了医学类中职学生专用的德育教材《职业生涯规划与职业道德培养》。本教材在保留原有教材基本框架的基础上，融入医学相关知识，新增了一些医学生成长和医药卫生事业方面的案例，每章除了基本理论外，还有知识链接、相关链接、案例分析、目标检测和参考答案，供师生们在教学过程中选用。

本教材在四川省南充卫生学校校长彭海涛教授、副校长杨露高级讲师的指导下编写而成，具体分工为：邢思超讲师撰写职业与职业生涯规划部分（第一、二、三章），查克勤讲师撰写礼仪与职业礼仪部分（第四、五章），胥洪培讲师撰写道德与职业道德部分（第六、七、八章），王婵讲师撰写了法律与卫生法律法规部分（第九、十章），最后全书由胥洪培讲师统稿。

由于国家示范学校建设时间紧、任务重，加之水平有限，教材中难免有不妥之处，敬请广大师生在使用过程中提出宝贵的意见和建议，以便再版时进一步完善。

编　者

2015年5月

国家示范校精品教材系列丛书

供中等职业教育护理、检验、药剂等专业使用

职业生涯规划与职业道德培养

主　审　杨　露　田应伟

主　编　胥洪培

编　者　(按姓氏笔画排序)

　　　　王　婵(四川省南充卫生学校)

　　　　邢思超(四川省南充卫生学校)

　　　　查克勤(四川省南充卫生学校)

　　　　胥洪培(四川省南充卫生学校)

科学出版社

北京

· 版权所有　侵权必究 ·

内 容 简 介

本教材共有十章,第一、二、三章介绍了职业和职业生涯规划方面的基础知识,重点介绍了医学生职业生涯规划的方式方法;第四、五章介绍了礼仪和职业礼仪方面的基础知识,重点介绍了医护人员应遵守的礼仪规范;第六、七、八章介绍了道德和职业道德方面的基础知识,重点介绍了医护人员应遵守的职业道德规范;第九、十章介绍了法律和卫生法律法规方面的基础知识,重点介绍了医护人员应遵守的法律规范。

本书可供中等职业教育护理、检验、药剂等专业德育课程教学使用。

图书在版编目(CIP)数据

职业生涯规划与职业道德培养 / 胥洪培主编 . —北京:科学出版社,2015.7
(国家示范校精品教材系列丛书)

ISBN 978-7-03-045210-8

Ⅰ.职… Ⅱ.胥… Ⅲ.①职业选择-中等专业学校-教材 ②职业道德-中等专业学校-教材 Ⅳ.①G717.38 ②B822.9

中国版本图书馆 CIP 数据核字(2015)第 164502 号

责任编辑:秦致中 / 责任校对:刘亚琦
责任印制:赵　博 / 封面设计:范璧合

科 学 出 版 社 出版
北京东黄城根北街 16 号
邮政编码:100717
http://www.sciencep.com
文林印务有限公司 印刷
科学出版社发行 各地新华书店经销
*
2015 年 7 月第 一 版　　开本:787×1092 1/16
2018 年 8 月第二次印刷　　印张:7
字数:161 000
定价:18.00 元
(如有印装质量问题,我社负责调换)

目 录

引　言

亲爱的同学们,当你们翻开这本书的时候,你们已经踏入了卫生类职业院校的大门,开启了漫长的习医之旅,面对全新的校园生活和陌生的专业,难免会有一丝焦虑和迷茫。如何规划自己职业生涯,如何提高自己的礼仪修养、职业道德素质和法律修养,如何找一份适合自己的工作,怎样使自己从一名医学生成长为一名优秀的医务工作者,这些都是我们每一位医学生非常关心的问题。

一、"职业生涯规划和职业道德培养"课程的主要内容

根据医学类中职学生成长的需要和毕业后从事医药卫生类工作岗位的需要,本课程的主要内容有四个部分。第一部分:职业和职业生涯规划,给同学们讲解了有关职业和职业生涯规划方面的基础知识,特别给同学们介绍了医学类中职学生相关的职业和职业生涯规划方面的知识;第二部分:礼仪和职业礼仪,给同学们讲解了有关礼仪和职业礼仪方面的基础知识,特别给同学们介绍了医务工作者需要遵守的职业礼仪;第三部分:道德和职业道德,给同学们讲解了有关道德和职业道德方面的基础知识,特别给同学们介绍了医务工作者需要遵守的职业道德规范;第四部分:法律和卫生法规,给同学们讲解了有关法律和卫生法律法规方面的基础知识,特别给同学们介绍了医务工作者需要遵守的医药卫生方面的法律法规。这些内容和同学们的学习、工作密切相关,对同学们会有很大的帮助。

二、学习"职业生涯规划和职业道德培养"课程的重要意义

通过"职业生涯规划和职业道德培养"这门课程的学习,可以帮助同学们正确认识自己所学的专业和将要从事的职业,制定适合自己的职业生涯规划,掌握礼仪和职业礼仪、道德和职业道德、法律与卫生法规方面的知识,努力把自己培养成为有理想、有道德、讲文明、有礼仪、懂法律、守法律的新时代的医务工作者。

三、学习"职业生涯规划和职业道德培养"课程的方法

学习"职业生涯规划和职业道德培养"课程,需要我们坚持理论联系实际的原则,做到知、信、行三者相结合,才能达到学习的目的。

首先,要认真学习职业与职业生涯规划、礼仪与职业礼仪、道德与职业道德、法律与卫生法规方面的基础知识,增强自己的职业规划能力,提高自己的职业道德意识和法律意识,从而提高自己的认知能力和判断能力。

其次,要认同职业生涯规划、职业礼仪、职业道德和法律法规,增强学习的自觉性,逐步把这些知识内化为自己的信念,外化为自己的行动,自觉在今后的学习和工作中实践。

最后,要从我做起,从现在做起,制定适合自己的职业生涯规划,以职业礼仪、职业道德和法律法规来严格要求自己,通过参加各种实践活动,长期坚持下去,努力把自己培养成为既有高尚的职业道德又有良好职业技能的新时代劳动者,为实现伟大的中国梦做出自己应有的贡献!

第一章 职业生涯规划与职业理想

每个人都与职业有着不解之缘。在童年、少年时代，我们对职业充满着朦胧的向往；到了现在又为如何选择而烦恼不安；当我们一旦确定了自己的职业时，职业生涯如何发展就摆在我们的面前。作为即将迈入职场，开启职业人生的医学类中职学生来说，了解职业与职业生涯规划方面的知识，显得异常紧迫和重要。

第一节 职业与职业资格

案例 1-1

2014届毕业生小王，就读于某中职院校护理专业，刚入校时，她就确定了毕业时的职业目标，毕业后成为一名县级医院的护理人员。为此，在学校期间，她在努力学好自己的专业的同时主动参加社会实践活动，担任学会干部，锻炼自己的组织领导能力。由于在校期间她有一个明确的目标，并朝着这个目标不停地努力，小王具备了较强的就业竞争力。她在2014年5月召开的校园招聘会上，在众多的竞争者中脱颖而出，被一家县医院录用了。她说："能这么顺利找到适合自己的工作，得益于自己的早规划、早准备。"

请问：小王求职成功对你有什么启示？你对职业、职业生涯规划了解多少？

一、职业与职业分类

职业不是从来就有的，也不是永恒不变的，它是人类社会发展到一定阶段的产物。

（一）职业的内涵

职业是指人们为了谋生和发展而从事的相对稳定的、有收入的、专门类别的社会劳动，它要求劳动者具备一定的生活素质和专业技能。它是人们的社会方式、经济状况、文化水平、行为模式、思想情操等方面的综合反映，也是一个人的权利、义务、职责的具体体现，是一个人社会地位的一般性表现，如医生职业、护理职业、教师职业。

职业至少包含了四个方面的含义。

1. 稳定的收入 职业是有报酬的劳动，有稳定的收入是职业区别其他劳动的主要特征。稳定的收入是指所从事的工作有一定的连续性，其报酬是从业者赖以生存的主要经济来源。但是，收入必须合法，从事违法活动的人，必将受到法律、法规的制裁。

2. 承担相应责任 医生的责任是救死扶伤，护士的责任是为患者提供优质的服务。所有职业都要在获得稳定收入的同时，也要承担相应的责任。

3. 实现人生价值和进行自我完善的途径 人们通过职业活动完善和发展自我，获得精神上的愉悦和满足。

4. 个人与社会相互联结的纽带 职业是社会分工的产物，社会通过人们的职业活动才能正常运转，人们通过职业活动才能在社会中和谐共存。

（二）职业的特点

1. 专业性 职业是人们从事的专门业务，一个人要从事某一种职业，就必须要具备专门的知识、能力和特定的职业道德品质。

2. 多样性　随着社会的进步,社会分工越来越细,职业种类越来越多,职业的差别也越来越大,呈现出多样性的特点。伴随产业结构的调整和科技的发展,必将会有很多新兴职业产生。

3. 技术性　每一种职业都有一定的技术标准和技术规范要求。在从事某一职业之前要进行职业知识教育和专门技术技能或操作规范的训练。这也是国家大力发展职业教育,鼓励同学们进入职业学校接受职业教育的重要原因。

4. 时代性　职业随着时代的发展而变化,新的职业不断产生,原有的职业也获得新的时代内容,某些职业会消失。原来已有的农民、教师、医生等传统职业,其劳动的科技含量也越来越高。

（三）职业的分类

所谓职业分类,是指按一定的规则和标准把一般特征和本质特征相同或相似的社会职业,分开并归纳到一定类别系统中去的过程。社会分工是职业分类的依据,职业分类揭示了各类职业间的区别和联系。

现代社会存在许许多多职业,这些职业既相互区别,又相互联系,相互渗透。因此,职业分类比较复杂,分类的方法也比较多。鉴于各国社会经济发展水平不同,职业分类标准不一,为了便于国际比较,1958 年,国际劳工组织制定了《国际标准职业分类》(ISCO)。1966 年,在日内瓦第十一届国际劳工局统计专家会议上,通过了《国际标准职业分类》的修订版。我国的职业分类与国际劳工组织的分类方法基本相似。1999 年出版的我国第一部《中华人民共和国职业分类大典》将我国职业归为 8 个大类,66 个中类,413 个小类、1838 个细类(职业)。其中 8 个大类细分如下。

第一大类:国家机关、党群组织、企业、事业单位负责人,其中包括 5 个中类,16 个小类,25 个细类。

第二大类:专业技术人员,其中包括 14 个中类,115 个小类,379 个细类。

第三大类:办事人员和有关人员,其中包括 4 个中类,12 个小类,45 个细类。

第四大类:商业、服务业人员,其中包括 8 个中类,43 个小类,147 个细类。

第五大类:农、林、牧、渔、水利业生产人员,其中包括 6 个中类,30 个小类,121 个细类。

第六大类:生产、运输设备操作人员及有关人员,其中包括 27 个中类,195 个小类,1119 个细类。

第七大类:军人,其中包括 1 个中类,1 个小类,1 个细类。

第八大类:不便分类的其他从业人员,其中包括 1 个中类,1 个小类,1 个细类。

以卫生专业技术人员为例,它属于第二大类专业技术人员中 14 个中类之一,主要从事医疗、预防、康复、保健以及相关工作。本中类包括:西医医师、中医医师、中西医结合医师、民族医师、公共卫生医师、药剂人员、医疗技术人员、护理人员以及其他卫生专业技术人员 9 个小类。

护理人员,即从事病人、社会人群的身心整体护理、辅助医疗、指导康复和预防保健、健康教育的专业人员,本小类包括下列细类(职业):病房护士,在医疗机构从事住院病人的身心整体护理、辅助医疗、指导康复的专业人员;门诊护士,在医疗机构从事门诊病人候诊管理、分诊、治疗、健康咨询、教育的专业人员;手术室护士,在医疗机构从事手术病人术前准备、术中配合、术后护理的专业人员;供应室护士,在医疗机构从事医用用品消毒、无菌物品供应的专业人员;社区护士,从事社区病人及人群的辅助治疗、健康教育和健康咨询的专业人员;助产士,辅助产科医师进行接产和产妇、婴儿护理的专业人员;其他护理人员,是指未列入上述各项的护理人员。

医疗技术人员,指在医疗和预防保健机构中,使用与医疗和预防相关的设备为临床服务的技术人员,包括下列职业:影像技师、麻醉技师、病理技师、临床检验技师、公卫检验技师、卫生工程技师、输(采供)血技师以及其他医疗技术人员。

药剂人员,在医疗、预防或药品供应机构中,根据医师处方进行药物配置和分发,并辅助医师合理用药的专业人员,包括下列职业:西药剂师、中药药师以及其他药剂人员。

二、职业资格与医疗卫生职业资格

(一) 职业资格

职业资格是对从事某一职业所必备的学识、技术和能力的基本要求。职业资格包括从业资格和执业资格。职业资格分别由国务院劳动、人事行政部门通过学历认定、资格考试、专家评定、职业技能鉴定等方式进行评价,对合格者授予国家职业资格证书。

从业资格是指从事某一专业(工种)学识、技术和能力的起点标准。从业资格通过学历认定或考试取得。

执业资格是指政府对某些责任较大,社会通用性强,关系公共利益的专业(工种)实行准入控制,是依法独立开业或从事某一特定专业(工种)学识、技术和能力的必备标准。执业资格通过考试方法取得,实行注册登记制度。

(二) 职业资格证书和职业资格证书制度

职业资格证书是表明劳动者具有从事某一职业所必备的学识和技能的证明,它是劳动者求职、任职、开业的资格凭证,是用人单位招聘、录用劳动者的主要依据,也是境外就业、对外劳务合作人员办理技能水平公证的有效证件。职业资格证书与职业劳动活动密切相联,反映特定职业的实际工作标准和规范。《中共中央关于教育体制改革的决定》中指出:"一切从业人员,首先是专业技术性较强的行业的从业人员,都要像汽车司机经过考试合格取得驾驶证才允许开车那样,必须取得考核合格证书才能走上工作岗位。"可见,在现代社会里,你要从事某一项工作,就要达到从事这一项工作的从业标准,要达到标准就要考取相应执业(职业)资格证书。

职业资格证书制度是劳动就业制度的一项重要内容,也是一种特殊形式的国家考试制度,是对劳动者取得什么证书、怎样取得证书、取得证书后的作用等一系列问题所作的相关规定。它是指按照国家制定的职业技能标准或任职资格条件,通过政府认定的考核鉴定机构,对劳动者的技能水平或职业资格进行客观公正、科学规范的评价和鉴定,对合格者授予相应的国家职业资格证书,实行全国统一考试取得证书、注册有效和政府监督。凡具备相关专业规定的学历、实践工作年限的专业技术人员都可以报考,证书由人力资源和社会保障部与国务院有关主管部门共同批准用印,一次注册三年有效,取得执业资格证书并经过规定机构注册登记者,可以依法独立执业。

(三) 学历证书与职业资格证书的关系

学历证书是一个人接受教育的年限,所具有的文化程度或者学业程度的证明,是由教育部门颁发,表明一个人在某个学校学习是毕业还是肄业,学历证书又称为文凭。职业资格证书是一个人能否胜任某一职业的证明,是由劳动部、人力资源和社会保障部或由其委托的部门颁发的。

学历证书和职业资格证书是相互包含的,随着职业资格证书制度的实行,越来越多的职业学校在完成正常教学计划的同时,组织相关的职业资格证书的考试,鼓励学生一专多能,国家有关部门也明确规定学历认定是获得职业资格证书的必要条件。所以说,学历证书和职业资格证书是密不可分的。

（四）卫生职业资格制度

1. 卫生专业技术资格（职称）　我国对卫生技术人员实行的是以专业技术职称（专业技术资格）评定（考试）和专业技术职务聘任为核心的管理制度。根据《卫生技术人员职务试行条例》的相关规定,卫生技术职务分为医、药、护、技四类。2001年开始,实行了初中级卫生专业技术资格（职称）全国统一考试和高级卫生专业技术资格评审的评价办法,用人单位根据岗位实际需要聘任相应的专业技术职务并兑现工资待遇。这是卫生专业技术人员管理的一项基本制度。

具体职务等级划分:①医疗、预防、保健人员:主任医师、副主任医师、主治（主管）医师、医师、医士;②中药、西药人员:主任药师、副主任药师、主管药师、药师、药士;③护理人员:主任护师、副主任护师、主管护师、护师、护士;④其他卫生技术人员:主任技师、副主任技师、主管技师、技师、技士。

主任医（药、护、技）师、副主任医（药、护、技）师为高级技术职务;主治（主管）医（药、护、技）师为中级技术职务;医（药、护、技）师、医（药、护、技）士为初级技术职务。

| 知识链接 | 临床护士的职称发展 |

根据业务技术水平的高低,临床护士职称发展层次从低到高依次为:护士、护师、主管护师、副主任护师、主任护师等层次。

（1）护士:护士是指经执业注册取得护士执业证书,根据条例规定从事护理活动,履行保护生命、减轻痛苦、增进健康职责的卫生技术人员。

（2）护师:护师是护理人员的初级技术职称,相当于医师或技师,通常是本科/大/中专学历的护士工作一/三/五年后通过考试获得。

（3）主管护师:主管护师是护理人员的中级技术职称,①取得相应专业中专学历,受聘担任护师职务满7年;②取得相应专业专科学历,从事护师工作满6年;③取得相应专业本科学历,从事护师工作满4年;④取得相应专业硕士学位,从事护师工作满2年;⑤取得相应专业博士学位,即可以参加考试获得。

（4）副主任护师:副主任护师是护理人员的副高级技术职称,在省级刊物发表2篇论文,达到相应的工作年限,①取得相应专业本科学历,从事主管护师职务工作满5年;②取得相应专业硕士学位,从事主管护师职务工作满5年;③取得相应专业博士学位,从事主管护师职务工作满2年。

（5）主任护师:主任护师是护理人员的高级技术职称,在省级刊物发表2篇论文,达到相应的工作年限,①取得相应专业本科学历,从事副主任护师职务工作满5年;②取得相应专业硕士学位,从事副主任护师职务工作满5年;③取得相应专业博士学位,从事副主任护师职务工作满2年。

2. 卫生执业资格

（1）医疗预防保健人员:医疗机构不得使用非卫生技术人员从事医疗卫生技术工作;从事母婴保健领域的医学技术鉴定的人员,必须具有临床经验和医学遗传学知识并具有主治医师以上专业技术职务;国家实行医师资格考试制度和医师执业注册制度。医师资格考试合格,取得医师资格。取得医师资格的,可以申请注册。医师注册后,可以从事医疗、预防、保健业务。未经医师注册取得执业证书的,不得从事医师执业活动;中医从业人员(包括师承方式学习中医学的人员以及确有专长的人员)应当依据有关规定通过医师资格考试,并经注册取得执业证书后,方可从事中医医疗服务活动;国家实行乡村医生执业注册制度。此后进入村医疗卫生机构从事预防、保健和医疗服务的人员,应当具备医师资格。

(2)**药学人员**:开办药品生产、药品经营企业必须具有依法经过资格认定的药学技术人员;国家实行执业药师资格制度和注册制度。通过全国统一考试合格者,可获得《执业药师资格证书》。取得证书者,方可注册。经注册后,方可按照注册的执业类别、执业范围从事相应的执业活动。未经注册者,不得以执业药师身份执业。凡从事药品生产、经营、使用的单位均应配备相应的执业药师,并以此作为开办药品生产、经营、使用单位的必备条件之一;经营处方药、甲类非处方药的销售企业应当配备执业药师或其他依法经资格认定的药学技术人员;医疗机构审核和调配处方的药剂人员必须是依法经资格认定的药学技术人员;按照国家有关规定依法经过资格认定的药学专业技术人员方可从事药学专业技术工作。

(3)**护理人员**:凡申请护士执业者必须通过卫生部统一执业考试,取得护士执业证书。获得护士执业证书者,方可申请护士执业注册。未经护士执业注册者,不得从事护士工作。

(4)**计划生育技术服务人员**:从事与计划生育有关的临床服务人员,应当依照执业医师法和国家有关护士管理的规定,分别取得执业医师、执业助理医师、乡村医生或者护士的资格,并在依照本条例设立的机构中执业。在计划生育技术服务机构执业的执业医师和执业助理医师应当依照执业医师法的规定向所在地县级以上地方人民政府卫生行政部门申请注册。

(5)**卫生监督人员**:国家实行卫生监督员资格考试、在职培训、工作考核和任免制度。卫生管理人员或专业技术人员必须经卫生监督员资格考试合格,方可受聘为卫生监督员;卫生监督人员应经过卫生监督岗位培训并考试合格。

(6)**采供血机构人员**:对全国采供血机构的人员实行全员考核,并实行执业资格制度。考试合格者,发给合格证书,方具有相应工作岗位上岗资格。未取得证书者,不得继续在相应岗位上工作。

(7)**医用设备上岗人员**:大型医用设备使用人员实行技术考核、上岗资格认证制度。大型医用设备使用操作人员必须经考核合格,取得相应合格证书,并在省级人民政府卫生行政部门登记注册后方可上岗工作;全国医用设备上岗人员(包括医生、操作人员、工程技术人员等)要接受培训,取得相应的上岗资质。

3. 卫生从业资格 根据国家关于职业技能标准(工人技术等级标准)和职业技能鉴定的有关规定,劳动与社会保障部批准卫生行业 15 个特有的技术工种(职业)。它们是病案员、医院收费员、卫生检验员、西药药剂员、中药药剂员、消毒员、防疫员、护理员、妇幼保健员、配膳员、医用气体员、医疗救护员、健康管理师、医院污水处理工和医学实验动物饲养工。上述 15 个职业资格都属于卫生行业的从业资格。这些工种(职业)都有明确的职业标准和技术等级,通过国家职业技能鉴定(考试),可获得国家职业资格证书。获得此证书就表明了劳动者达到从事该职业所必备的学识和技能的起点标准。

第二节　职业生涯与职业生涯规划

案例1-2

李明是一名平面设计专业的毕业生,毕业后他在求职中遭遇了很多挫折。随后,他对市场做了一番研究后,决心在网上开一家网店,专为现在流行的手机壳贴钻。李明发挥自己在设计方面的专长,不仅提供市场上流行的产品,而且自己还设计开发新的手机壳贴钻图形。经过一段时间市场的考验,越来越多的消费者选择了李明的网店,他开发的新图形的销售量持续增长。现在,李明已经不再自己亲自为手机壳贴钻了,他雇用了几个工作人员专门贴钻,而他自己则专心进行图形设计开发。

请问:李明创业为何能取得成功? 你能合理规划自己的职业生涯吗?

人的生存、生活离不开职业,职业是人生发展的载体。围绕职业,人的一生可大致分为三个阶段:从业准备阶段、从业阶段、从业回顾阶段。人的职业生涯是人的全部生涯中的核心和主体部分,占据了人生主要而关键的部分,从这个意义上讲职业生涯就等于人生,每个人都希望自己有一个成功的职业生涯,那么什么是职业生涯,职业生涯又有什么特点呢?

一、职业生涯及特点

（一）职业生涯的涵义

职业生涯是指一个人一生的职业历程,即一个人一生职业、职位的变迁及职业理想的实现过程。职业生涯可分为内职业生涯和外职业生涯。

1. 内职业生涯　内职业生涯是指从事一种职业时的知识、观念、经验、能力、心理素质、内心感受等因素的组合及其变化过程。内职业生涯是一个由个人内在素质决定的职业生涯,是一个人在职业生涯发展过程中,通过职业观念、职业品格、职业技能、职业习惯和自身素质的提高来实现的个人综合能力、社会地位提高乃至个人荣誉获得的过程。

2. 外职业生涯　外职业生涯是指从事一种职业时的工作时间、工作地点、工作单位、工作内容、工作职务与职称、工资待遇等因素的组合及其变化过程。外职业生涯通常可以通过名片、工资单体现出来。

内职业生涯与外职业生涯密不可分。内职业生涯的发展是外职业生涯发展的前提,内职业生涯的发展带动外职业生涯的发展。中职学生在找工作时,常常会咨询用人单位这些问题,如"多少钱一个月啊? 有奖金吗? ……"这些都是外职业生涯的内容。我们应多询问:"你们需要什么样的人才? 我能争取到什么样的锻炼机会?"如果用一棵树比喻一个人的职业生涯发展,展露在外的树干、树枝、叶、花、果即为外职业生涯的部分,而隐埋在地下的树根即内职业生涯的部分。我们应该把焦点放在内职业生涯的"树根"上。一棵大树,只有根深蒂固才能枝繁叶茂。

《易经》有云:"形而上者谓之道,形而下者谓之器。"所以,希望同学们要把自我发展的重点放在培育高尚的品德、积极的心态上,树立起"终身学习"的理念。拥有良好的道德品质、良好的心态与观念也是一种能力,是能力中的原生质,它能孕育、分化、产生其他多种能力。

（二）职业生涯的特点

1. 发展性　每个人的职业生涯,都在不断地发展、变化。但有的人发展速度快,有的人速度慢;有的人发展顺利,有的人屡遭挫折……只有那些有明确的发展目标、具体的发展措施,并付出实实在在努力的人,才能取得职业生涯的成功。

2. 阶段性 人的职业生涯分为不同阶段,每一个阶段都是前一个阶段的延续,同时也都为后一个阶段做铺垫,对于即将迈入职场的中职学生来说,积极为职业生涯做好准备,必然有利于以后各个阶段的发展。

3. 整合性 一个人职业生涯成功与否,既决定了他的生活状况和对社会贡献的大小,也与他的个人成长、自我实现密切相关。职业生涯影响人生发展的各个方面。

4. 终身性 虽然职业生涯只是人生的一个阶段,但会影响甚至决定人的一生。成功的职业生涯能给人以自信与快乐,能给人一个幸福而满足的晚年,而这些都在很大程度上取决于职业准备阶段的努力。中职学生正处于人生最美好的年华,"莫等闲白了少年头,空悲切!"

5. 独特性 每个人都有自己的职业条件、职业理想、职业选择,有为实现自己职业理想所做的种种努力,因此,每个人的职业生涯都呈现出与别人不同的个性,而且是独一无二的。

6. 互动性 每个人的职业生涯是个人与他人、个人与环境、个人与社会互动的结果。不同的人在同样的外部环境和社会条件下,既会有成功,也会有失败。

7. 可规划性 虽然会有许多偶然因素左右人们的职业生涯发展,但是从长远来看,职业生涯发展是可以规划的。况且,职业生涯规划的目的,不是预言职业生涯发展过程中的具体细节,而是给每个人提供一个总体的职业生涯发展状态的指导,对职业生涯发展方向做出战略性的把握。

（三）影响职业生涯发展的因素

中职学生职业生涯发展,依次需要解决的是道路选择、追求成功、成就多大的问题,而职业道路选择、发展和成功,会受到个人、家庭以及社会等多方面的影响。一般来说,影响中职学生职业生涯的因素有如下几个方面。

1. 身心素质 身心素质是指个人的身体和心理素质状况与职业及其要求的特点是否搭配。任何职业的胜任都需要健康的身心,同时职业适应性也与身心状况存在诸多关联。职业不同,对从业者的身心要求也各具特点,有的要求敏捷,有的要求耐心、宽容,有的需要不断创新,有的则是简单重复等。

2. 兴趣需要 同样的工作、同样的职业对于不同的人有着不同的价值,同一个人对不同的职业有着不同的态度和抉择,这与个体的价值观、兴趣爱好、需要动机等密切相关。人们出于对不同职业的评价、兴趣及取向从众多职业中选择其一,就业后又从若干个人发展机会中作出职业生涯调整,从而找到"如己所愿"的归宿,获得自身期待的社会认可,取得成功。

3. 教育背景 教育是赋予一个人才能、塑造人格、实现社会化、促进人全面发展的社会活动,它奠定中职学生的基本素质,对人的职业生涯产生巨大影响。一般来说,一个人的职业生涯成功与其接受的教育水平成正比,因此,一专多能、专业水平和应用技能突出者,能够得到较多的机会,从而在职业生涯中居于主动。同时,中职院校不同门类,不同专业的教育会使学生形成不同的思维模式,产生不同的态度,进而使其对自己、对社会、对职业选择与发展产生影响。

4. 家庭环境　家庭是人的第一所学校,它既是人生活的重要场所,也是造就个人素质以至影响职业生涯规划的主要因素。人的社会化,实际从刚一出生就开始受到家庭的深刻影响,经过长期潜移默化,使人形成一定的世界观、人生观、价值观和行为模式。尽管青年学生接受了程度不等的教育,但是家庭环境的影响却是长期性的。

5. 社会环境　社会环境是指社会的政治经济、管理体制、文化习俗等大环境趋势,这些广义的环境因素决定着社会职业岗位的数量与结构,决定着规划出现的随机性与波动性,影响着人们对不同职业的倾向和步入职业生涯,调整职业生涯的决策。具体到某个单位、某个学校的"微环境",也决定了个体的活动范围、经济基础、社会地位、人际交往等,从而影响个体的职业生涯发展。所以,中职学生要善于运用现有环境,发掘环境中的有利因素,而且要善于创造良好的环境。

二、职业生涯规划的内容

（一）职业生涯规划的含义

职业生涯规划是个人对自己一生职业发展道路的设想和谋划,是对个人职业前途的展望,是实现职业理想的前提。它包括选择什么职业,以及在什么地区和什么单位从事这种职业,还包括在这个职业团队中担负什么职务,以及实现这些设想的措施等内容。合理规划自己的职业生涯,是迈向成功的第一步。

也就是:

$$我是谁 \xrightarrow[\text{职业生涯规划线路图}]{\text{我怎么样去行动}} 我将成为谁$$

职业生涯规划强调个人该如何为自己做出适当的选择,探讨个人如何规划自己未来的职业生涯发展。职业生涯规划的目的绝不仅仅是帮助个人按照自己的心理特质、资历条件等找到一份合适的工作,达到与实现个人的目标,更重要的是帮助个人了解自己的真正需求,为自己定下事业大计,筹划未来,拟定一生的发展方向。

（二）职业生涯规划的分类

按照时间的长短,职业生涯规划可以分为短期规划、中期规划、长期规划、人生规划四种类型。

1. 短期规划　短期规划即2~3年以内的规划,主要是确定近期目标,规划近期要完成的任务。如对专业知识的学习,专业技能和组织管理能力的培养,就业目标的确定等。

2. 中期规划　中期规划即3~5年内的目标和任务。如3年后找到一份合适的工作,通过努力可以创造一定的业绩,以及为实现此目标而参加的教育、培训等。

3. 长期规划　长期规划即5~10年的规划,是要设定长远的目标。如规划30岁要成为一家二级医院的护理部负责人或者技术、业务骨干,40岁成为一家三级医院护理部的主要负责人或者技术、业务负责人,并为此不懈努力。

4. 人生规划　人生规划即整个职业生涯的规划,时间长达40年左右,设定整个人生的发展目标和阶梯。如规划成为一家二级医院的院长。

（三）制定职业生涯规划的原则

1. 择己所爱——选择自己喜欢的职业　在制定职业生涯规划时,首先要考虑自己的兴趣,只有你从事你喜欢的职业才能给你带来满足感、成就感和无穷的力量,别人认为好的职业,并不一定适合你。球王贝利曾说:"我热爱足球,足球就是我的生命。"正是对足球的热爱和执着,才使贝利步入足坛,把足球作为他终身的职业目标,也正是足球给他带来无穷的乐趣、荣誉和财富。在制定职业生涯规划时,必须考虑自己的特点,根据自己的兴趣、特长,选择自己喜欢的职业,这样会对自己产生内在的激励作用。

2. 择己所能——选择自己能发挥优势的职业　任何职业都要求从业者掌握一定的技能,具备一定的条件。不难想象一名卡车司机驾驶一辆民航客机会出现什么样的严重后果。不同职业对技能的要求也不一样。任何一项技能都必须经过一定时间的训练才能掌握,而每个人的一生都是有限的,任何人都不可能掌握所有的技能。

3. 择世所需——选择社会需要的职业　社会需要是不断变化的,旧的需求不断消失,同时新需求又不断产生,昨天的抢手货可能在今天会变得无人问津,今天的热门职业,明天不一定还会抢手。

4. 择己所利——选择对自己有利的职业　一个不得不承认的事实是,职业对你而言,依然是一种谋生的手段,在谋取个人幸福的同时,也创造了社会财富,为社会做出了贡献。但你谋求职业的第一动机很简单,首要目的是个人生活得幸福,利益倾向支配着你的职业选择。

（四）职业生涯规划的内容

按照职业生涯规划的研究成果,职业生涯规划应该包括以下内容。

1. 题目　题目的写法应反映职业生涯个性化的特征和时间坐标原则。主要包括规划者姓名、规划年限、起止日期、年龄跨度。开始日期详细到年月日,截止日期可到年。从题目应看出,规划是阶段性还是终身性的。

2. 职业方向　职业方向即对职业的选择,比如律师、医生、护士、军人、音乐家、教师、企业管理人员等。

3. 社会环境剖析　规划制定者对社会大环境的分析,包括国家、地区的政治经济发展趋势,所选定职业在社会环境中的需要程度、地位、经济社会对此职业的影响程度等。

4. 组织剖析　组织剖析包括:组织发展领域,组织在本行业中的地位和前景,组织制度、文化,组织结构,组织战略,管理制度等与个人"一致性"程度,组织的发展与个人未来职务发展预计,组织能提供的教育培训机会和提升可能性等。

5. 角色定位　哪些人将在自己职业生涯中扮演重要角色,他们的作用是什么,他们的建议是什么,保持联系的方法、频度和目的。规划制定者应了解并记录家庭主要成员、直接上级、职业生涯规划专家等各方面建议,并把这些建议作为参考。

6. 目标及实现时间　目标及实现时间指可以预见的最长远目标、分目标,包括时间目标、职务目标、能力目标、经济目标等,要有重点、有层次地实现。

7. 成功的评价方式　不同的人评价标准和方式各异,一般如下:一种是为了事业可以牺牲家庭和健康,即将职业生涯成功定义为职业生涯中成为个人事务和家庭生活保障的基础;另一种是个人事业、职业生涯、家庭生活的协调发展,这才是职业生涯的真正成功。

8. 自身条件及潜力评价　职业生涯规划要帮助个人真正了解自己,对自身的能力、潜力进行正确评估,并标明发展的预期目标,将自身条件、发展潜能、发展方向与环境给予的机遇和挑战相比较。同时,通过评价,明确现有知识水平、专业能力、管理能力及身体健康状况等条件,通过潜能评价发现未来的潜力。

9. 差距 认真剖析职业生涯规划的目前条件和实现目标所需能力之间的差距,特别是理念、专业知识水平、具体操作技能、身心承受能力等方面的差距,以此明确努力方向和下一步措施。

10. 缩小差距的方法 根据评价得出的差距,实施不同的解决方案,通过各种针对性强、有效性强的方式,获得较大甚至根本性的改进,并通过实践锻炼,达到能力与职业生涯规划相符的目的。

三、医学类中职学生开展职业生涯规划的意义

医学事业肩负着维护和促进人类健康的使命。近年来,随着人们对健康的需求越来越高,国家不断加大对医疗卫生事业的投入,医学及相关学科已越来越受社会关注。由于国家医疗资源分布不均衡,导致了部分医学生"滞留"城市出现相对就业过剩。因此,医学生开展职业生涯规划,无论是促进对国家医疗卫生事业发展,还是实现医学生个人职业生涯发展,都显得极为重要。

1. 职业生涯规划可以使医学生认识自己 通过职业生涯规划,让学生客观分析自己的职业兴趣、职业性格、职业能力、职业价值观、行为习惯和个性特征等,了解自己喜欢干什么、能够干什么、适合干什么,使学生更客观、更理性得认识自己,提高他们的自我认识能力。

2. 职业生涯规划可以使医学生更好地了解自己所学专业的岗位特点 学生可以通过互联网、书籍、社会实践、实习实训等途径了解所学专业的就业状况和前景,清楚行业就业需求。熟悉将来工作场所的环境、工作内容、要胜任这种工作应该具备哪些知识和技能。在理性地认识自我和进行岗位分析后,就能够针对自身条件以及环境制定相应的学习目标和机会。

3. 职业生涯规划有利于医学生树立科学合理的择业观 中职学生择业受自身条件和职业要求的限制。部分学生纠结于是去大医院做合同工,还是去考基层医院的正式编制,抑或是创业还是继续深造。选择不同的方向需要做不同的准备,如果不清楚自己将来要做什么,当然也就不知道在校期间应该如何来提高自己。通过职业生涯规划,医学生认识自己,了解了本专业学生毕业后的就业方向,在知己知彼基础上进行准备。

4. 职业生涯规划有利于提高医学生的职业素养 随着医学的快速发展以及人民的生活水平和健康意识不断提高,医院和社会对医疗卫生人才的职业素养要求更为严格。职业素养不是到医院之后慢慢培养,而应是在校期间就开始养成。职业素养往往成为医学生求职成败的关键,职业生涯规划关于职业素养的培养包括职业道德、职业安全、职业形象、职业能力、职业体能、职业审美等诸多方面的观念意识、知识、技术及其相应的作风和行为习惯。这些素养决定着医学生毕业后能否胜任相关工作。

5. 职业生涯规划有利于促进就业 如果没有进行职业生涯规划,将缺乏长远打算,致使中职学生在校期间只能很机械地完成学习任务,只求考试不挂科。毕业时能找到什么工作就干什么,不合适就换工作,到了30多岁还没有明确的职业定位,然而频繁地更换工作,难以积累临床工作经验,也会影响自己职业的稳定和发展。

如果有科学的职业生涯规划,明确自己的职业定位,有合适自己的职业目标,并确定相应的职业发展路径,就会更好地把握人生,主动学习相关知识,努力提高职业素养,使自己

能够与岗位相匹配,将来找到工作能尽快地进入角色,胜任这一工作。因此,科学有效地做好职业生涯规划是提高医学生就业能力的关键因素。

四、医学类中职学生职业生涯规划需要避免的误区

1. 职业生涯规划可有可无 职业生涯规划观念淡薄,是当代医学生的普遍特点,在召开的学生座谈会上,80%的医学生表示自己从来没有对自己的职业生涯作过认真的规划,只知道就业形势特别严峻,从进校开始就十分紧张,在感到不安的同时,并没有认真规划自己的职业生涯。不少学生认为职业生规划可有可无,反正能否就业不是自己说了算,听天由命。有的学生认为,自己尚处于学习阶段,未来有太多的不确定因素,所以现在进行职业生涯规划为时过早,这种想法造成的后果是学习的无目的性,荒废了宝贵的学习时光,错过了职业生涯规划下有目的、有计划的人生发展的大好时机。

2. 职业生涯规划是毕业生的主要任务 不少医学生在谈及职业生涯规划时,都毫不怀疑地认为,这是毕业生的主要任务,而处于其他年级的学生是不必为职业生涯规划而"浪费"时间的,认为计划不如变化快,职业生涯规划等到即将毕业时再做也不迟,其实这是一个误区。如果不从走进学校的第一天开始,就接受有关职业生涯规划的理念,并在老师的指导下,逐渐形成自己的职业生涯规划,到毕业真正面对就业问题时,就会陷入盲目状态,才意识到自己在专业水平和能力方面存在诸多的不足时,追悔莫及。

3. 职业生涯规划中的自我定位不准 许多医学生没有做好自身的职业生涯规划,重要原因在于对自己认识不清,不知道自己想干什么,适合干什么,自己的优势和不足在哪里,导致盲目自信或缺乏信心,不知道规划该如何下手。所以在制定规划时,要面对现实,作全面自我分析,既要防止"低价出售"自己,也要防止因期望过高一无所获。

4. 职业生涯规划急功近利,把就业、职业与事业混为一谈 有些学生把就业、职业、事业混为一谈,甚至把就业和一生的事业发展画上等号。因此,在就业问题上显得优柔寡断,把就业当成一生事业发展。职业生涯设计师徐小平认为,人生职业分为三个层次:第一层是就业,维持生存;第二层是职业,从事稳定的工作,满足基本物质需求;第三层是事业,这个层次不仅有丰富的物质生活,更有精神上的满足感。这三个层次逐步推进,逐步实现,并不能一步到位。

第三节 职业理想与职业生涯规划

案例1-3

有这样一个故事,三个工人在共同砌一堵墙。有人走过来问:"你们在干什么?"第一个人没好气地回答:"没看见吗?砌墙。"第二个人笑了笑说:"我们在盖一幢楼。"第三个人则边干活边哼着歌,他的笑容就像阳光一样灿烂,他说:"我们正在建设一个城市。"十年后,第一个工人在另外一个工地上砌墙;第二个工人坐在办公室里画图纸,他成了一位工程师;而第三个人,则成了前两个人的老板。一个人的眼光有多远,他的人生成就就有多大。眼界的宽与窄、远与近,实际上都取决于理想信念。

请问:你有理想吗?你知道理想有什么作用吗?

理想是人们在实践过程中形成的、同奋斗目标相联系,符合事物发展规律、具有实现的可能性,对未来社会和自身发展的向往与追求,包括社会理想和个人理想。社会理想是人们对未来社会的设想,包括未来社会的政治制度、经济制度、科学文化制度、社会面貌等的

预见和设想,具有客观性、整体性和阶段性等特征。个人理想是指处在一定历史条件和社会关系中的个人对于自己未来的物质生活、精神生活所产生的向往和设想,包括个人的生活理想、职业理想和道德理想,具有现实可能性、超越性和个体差异性等特征。生活理想是人们对未来生活的追求和向往,既包括对于吃、穿、住等物质生活的追求和向往,也包括对文化娱乐等精神生活的追求和向往,还包括对婚姻、家庭生活的追求和向往;职业理想是人们对未来工作部门、工作性质以及在职业上达到的程度的追求和向往;道德理想是人们做人的目标,是做一个什么样的人的追求和向往。

一、职业理想的含义及特点

(一) 职业理想的含义

职业理想是个人对未来所从事的职业的向往和追求,是职业生涯发展的动力。为自己设定一个具体而现实的职业理想,是每个中职学生在进行职业生涯规划时应首先考虑的因素。

(二) 职业理想的特点

1. 社会性　从业者通过自己的职业履行公民对社会应尽的义务,每种职业都有特定的社会责任。职业理想随着社会的发展而变化,社会分工与职业发展是职业理想发展变化的决定因素。职业理想的实现取决于一定的社会因素,社会稳定、经济发展,个人才有可能去追求职业理想的实现。

2. 时代性　随着社会经济越来越发达,生产方式越来越先进,社会分工越来越精细,职业种类也越来越多;同时,由于科学技术越进步,职业演化越迅速,人们选择职业的机会就越多。个人的职业理想既要符合时代的进步,也要适应职业所在行业的发展趋势和职业演变、岗位晋升的内在规律。在现阶段,只有符合全面建成小康社会需要的职业理想才有可能实现。

3. 发展性　个人职业理想会随着年龄的增长,社会阅历的丰富而逐渐变得现实、趋向稳定;职业理想也随着社会进步、经济发展而不断发展。因此,要善于结合社会和个人的实际情况审时度势地及时调整职业理想。

4. 个体差异性　自身条件、所处环境的不同,每个人的职业理想各不相同;知识结构、能力水平影响职业理想的层次;个人的思想政治觉悟、道德修养水准及人生观、价值观影响职业理想的方向;个人性格、气质、人生经历、身体状况等,会影响职业理想的具体定位。只有那些从自身实际出发,适合自己的职业理想,才是最好的职业理想。

二、职业理想的作用

(一) 职业理想对人生发展的作用

职业理想对确定人生目标、促进人生目标和人生价值的实现有重要意义,有利于增强人生的奋斗动力。这种促进和动力作用主要表现在以下三个方面。

1. 导向作用　理想是前进的方向,是心中的目标。人生发展的目标是通过职业理想来确立,并最终通过职业理想来实现。俄国著名作家列夫·托尔斯泰曾说过:"理想是指路的明灯,没有理想就没有坚定的方向,就没有生活。"同学们在现阶段的学习和生活中可能已经深切地感受到,一旦学习目的不明确,学习的热情就会低落,学习的效果就不明显。因此,有了明确的、切合实际的职业理想,再经过努力奋斗,人生发展目标必然会实现。

2. 调节作用 职业理想在现实生活中具有参照系的作用,它指导并调整着我们的职业活动。当一个人在工作中偏离了理想目标时,职业理想就会发挥纠偏的作用,尤其是在实践中遇到困难和阻力时,如果没有职业理想的支撑,就会心灰意冷、丧失斗志。此外,如果一个人只把自己的追求定位在找到"好工作"上,即便是将来有实现的可能,也不能算是崇高的职业理想,因为,这样的理想一旦实现,他就会不思进取,甚至虚度年华。总之,一个人只有树立正确的职业理想,无论是在顺境或者是在逆境,都会奋发进取,勇往直前。

3. 激励作用 职业理想源于现实又高于现实,它比现实更美好。为使美好的未来变成现实,人们会以坚忍不拔的毅力、顽强的拼搏精神和开拓创新的行动去为之努力奋斗。12岁时,周恩来就发出"为中华之崛起而读书"的誓言,表达了他从小立志振兴中华的伟大志向。同学们,我们是学生,我们有什么样的理想呢?我想,我们应该向敬爱的周总理学习,从小立志,树立一个崇高的人生目标,然后,为实现这个目标坚持不懈,奋斗不止,为人民、为国家做出贡献,这样的人生才有意义。

（二）职业理想对社会发展的作用

拥有职业理想的高素质劳动者是经济社会发展的动力。"以服务为宗旨,以就业为导向"的职业学校是培养高素质劳动者和技能型人才的摇篮。高素质劳动者和技能型人才之所以受到各行各业的欢迎,是因为他们有明确的职业理想、良好的职业道德和从业的职业技能。他们以出色的工作、优质的产品和服务,为企事业单位赢得了效益,为社会做出贡献,是社会经济社会发展的重要推动力量。

中职学生是未来的劳动者,是社会发展的潜在动力。应严格要求自己,树立明确的职业理想,培养良好的职业道德,努力学习掌握专业知识和技能,提高自己的综合素质,以适应未来职业社会的发展和变化,为国家和社会的发展贡献自己的一份力量,是每个中职学生义不容辞的责任。

职业理想与社会理想相辅相成、相互影响。社会理想人生理想的核心,是长远的、根本的、方向性的,它贯彻于职业理想之中,影响和制约着职业理想。每个人对社会发展的憧憬和对人生的态度不同,职业理想也会有不同的表现形式。崇高的社会理想能指导人们树立正确的职业理想,激励人们追求个人美好未来和社会进步。现阶段,对全面建成小康社会,实现中华民族伟大复兴的"中国梦"的追求,激励人们以蓬勃向上的精神面貌积极工作,引导人们在职业活动中付出更多的努力。同时,职业理想是实现社会理想的基础,没有职业理想,社会理想就失去了基础。因为人们总是通过具体的职业理想的树立和职业活动来达到改造社会、造福人类、实现社会理想的目的。中职学生在设定自己的职业理想的时候,应该自觉把职业理想建立在社会理想的基础上,不仅仅考虑个人的成功,还要把国家、社会利益和个人发展结合起来,只有这样才能把个人发展融入到国家社会的发展之中,才能最大限度地实现自我价值。

三、职业理想的实现

职业理想是目的,职业生涯规划是手段,职业生涯规划是实现职业理想的有效途径,务实、具体的规划才能把理想变成现实。作为一名即将踏入工作岗位的中职学生,在确立职业理想后,首先要做的是根据职业理想制定一份适合自己的职业生涯规划。职业生涯规划必须务实、具体,具有鲜明的个性,符合个人实际,有明确的方向和可操作性,特别应该强调的是,目标要明确,阶段要清晰,措施要具体。

中职学生规划职业生涯的过程也是提高自己的过程,能强化职业意识,巩固和完善职业理想,认识职业道德行为养成和专业学习对实现职业理想的作用,形成正确的职业观、择业观、创业观以及成才观,增强提高职业素养和职业能力的自觉性,并以此规范和调整自己的行为,积极做好适应社会、融入社会和就业、创业的准备。

中职学生只有认识到实现职业理想的持久性和艰巨性,制定出适合自身发展的职业生涯规划,珍惜在校的学习生活,才能把命运掌握在自己手中,为实现未来的职业理想打好基础;在未来的职业活动中要做到爱岗敬业、尽职尽责,乐于奉献、尽心尽力,积极进取、尽善尽美,这样才能实现自己的职业理想。

(邢思超)

目 标 测 试

一、单项选择题

1. 以下四个选项中,对职业的定义解释正确的是
( )
   A. 职业就是一种劳动
   B. 职业就是人们从事的有收入的工作
   C. 职业就是人们在社会中所从事的作为主要生活来源的工作
   D. 职业是谋生的手段

2. 下列各项不是职业的为( )
   A. 教师　　　　　B. 会计师
   C. 学生　　　　　D. 建筑师

3. 托尔斯泰说:"理想是指路明灯,没有理想,就没有坚定的方向,"这说明职业理想具有( )
   A. 职业理想的导向作用
   B. 职业理想的调节作用
   C. 职业理想的激励作用 D. 职业理想的决定作用

4. 职业资格包括从业资格和( )
   A. 资格凭证　　　B. 执业资格
   C. 职业资格证书　D. 执业证书

5. 国家职业资格等级分为( )。
   A. 三级　　　　　B. 四级
   C. 六级　　　　　D. 五级

6. 职业生涯规划是指一个人对其一生中所有与

( )相关的活动与任务的计划或预期性安排
   A. 理想　　　　　B. 职业
   C. 家庭　　　　　D. 生活

7. 职业是多样性的,体现了职业理想的( )特点。
   A. 差异性　　　　B. 发展性
   C. 稳定性　　　　D. 开放性

8. 工作没有最好只有最合适,这是职业规划的黄金准则的( )
   A. 择己所长　　　B. 择己所爱
   C. 择己所利　　　D. 择世所需

9. 国家对达到职业资格所规定的必备的学识、技术和能力的劳动者颁发的证明是 ( )
   A. 学历证书　　　B. 职业资格证书
   C. 就业资格证书　D. 开业资格证书

10. 职业生涯的特点不包括( )
   A. 发展性　　　　B. 合作性
   C. 终生性　　　　D. 阶段性

二、思考题

1. 什么是职业、职业生涯、职业生涯规划?
2. 职业生涯规划的内容?
3. 职业生涯规划对医学生具有怎么样的重要意义?
4. 职业理想的作用?

第二章　职业生涯规划过程

职业生涯规划的过程是充分认识自己、分析发展的环境的过程;是确定发展目标,构建发展台阶的过程;更是制定发展措施,实现职业理想的过程。只有制定出适合自身发展的职业生涯规划,才能把命运掌握在自己手中。

第一节　认知自身条件,促进职业生涯发展

小李毕业于某中职院校药剂专业,毕业时成功应聘于某制药公司。该单位福利待遇等各方面还不错,他怀着对美好未来的憧憬,走向了工作岗位。可是,工作单位的工作环境越来越与小李的性格相冲突。他是一个思维活跃、坐不住的人,可是制药公司那异常严谨的工作环境,越来越让他觉得不适应。想了许久,他还是辞职了。

请问:小李的问题出在哪里? 如何才能让自己的职业生涯顺利发展?

在进行职业生涯规划前,进行自我认知可以使我们能够了解自己的兴趣、性格、能力和价值取向等,能够帮助我们做出明智的职业选择,将来找到一份真正适合自己的工作,促进职业生涯发展。

一、培养职业兴趣,热爱医疗职业

(一) 职业兴趣的含义及作用

1. 职业兴趣的含义　职业兴趣是一个人积极探索某种职业或者从事某种职业活动所表现出来的特殊个性倾向,它使人对某种职业给予优先的注意,并具有向往的情感。例如,化学家诺贝尔冒着生命危险研制炸药;"杂家水稻之父"袁隆平风餐露宿,几十年如一日研究水稻高产方法。这些都是科学家们所表现出来的对职业的强烈兴趣。可见,职业兴趣表现为一个人对待工作的态度,工作的适应能力,拥有职业兴趣将增加个人的工作满意度、职业稳定性和职业成就感。当我们对自己所从事的职业感兴趣时,就会最大限度地发挥自己的潜力,全身心地投入到工作中并且从中获得快乐。所以,兴趣是事业成功的动力,我们在进行职业选择时,要充分考虑到自己的兴趣。

2. 职业兴趣的作用　兴趣是职业选择的重要依据,职业兴趣在职业活动中起着举足轻重的作用。只要不断培养自己的职业兴趣,就能在从事这一职业的活动过程中提高工作效率并获得更多的愉悦。职业兴趣的作用,表现在以下三个方面。

(1) 职业兴趣影响职业的定向和选择:人的早期兴趣对其未来的职业活动起着准备作用,许多人的日后职业选择正是其早期兴趣影响的结果。职业兴趣不仅使人对某种职业具有向往的情感,而且对人的行为产生定向作用,使人据此去选择某种职业,并以从事这种职业为快乐。在求职的过程中,人们常常以是否对某工作有兴趣作为参考条件之一。一旦对某种职业有浓厚的兴趣,人们就会坚定地追求这一职业并尽心尽力地工作。

(2) 职业兴趣促进智力开发和潜能的挖掘:在职业活动中,兴趣能发挥个体的主动性和创造性,开发个体的潜能,使个体取得新的发现、新的成果,在职场中有出色表现。一个人如果对某种职业感兴趣,他在学习和工作中就能全神贯注、积极热情并富有创造性地完

成工作,这样必然能促进智力的开发、潜能的挖掘。

(3)职业兴趣能提高工作效率:兴趣还可以使人更快地熟悉并适应职业环境和职业角色,增强人的职业适应性和稳定性。如果试着将自己的兴趣爱好与所从事的工作结合起来,真心热爱自己所从事的职业,那么就会感受到工作所带来的快乐,快乐地工作才是提高工作效率的有效途径。有关研究资料表明,如果一个人对他所从事的工作不感兴趣,他在工作中只能发挥其全部才能的20%~30%,而如果一个人对他的工作有兴趣,就能发挥其全部才能的80%~90%。

(二)医学生职业兴趣类型及培养

1. 职业兴趣的类型 职业兴趣是职业选择中最重要的因素,不同职业因其工作性质、社会责任的不同需要不同的职业兴趣,美国心理学家、职业指导专家霍兰德把职业兴趣分为六种类型,分别为:实用型、研究型、艺术型、社会型、企业型和事务型(表2-1)。

表 2-1 职业兴趣的类型与典型职业

类型	喜欢的活动	重视	职业环境要求	典型职业
实用型 R (Realistic)	用手、工具、机器制造或修理东西。愿意从事实物性的工作、体力活动,喜欢户外活动或操作机器,而不喜欢在办公室工作	具体实际的事物,诚实,有常识	使用手工或机械技能对物体、工具、机器、动物等进行操作,与"事物"工作的能力比与"人"打交道的能力更为重要	园艺师、木匠、汽车修理工、工程师、军官、兽医、足球教练员
研究型 I (Investigative)	喜欢探索和理解事物,学习研究那些需要分析、思考的抽象问题,喜欢阅读和讨论有关科学性的论题,喜欢独立工作,对未知问题的挑战充满兴趣	知识,学习,成就,独立	分析研究问题,运用复杂抽象的思考创造性地解决问题的能力,谨慎缜密,能运用智慧独立地工作,一定的写作能力	实验室工作人员、生物学家、化学家、心理学家、工程设计师、大学教授
艺术型 A (Artistic)	喜欢自我表达,喜欢文学、音乐、艺术和表演等具有创造性、变化性的工作,重视作品的原创性和创意	有创意的想法,自我表达,自由,美	创造力,对情感的表现能力,以非传统的方式来表现自己;相当自由、开放	作家、编辑、音乐家、摄影师、厨师、漫画家、导演、室内装潢设计师
社会型 S (Social)	喜欢与人合作,热情关心他人的幸福,愿意帮助别人成长或解决困难,为他人提供服务	服务社会与他人,公正,理解,平等,理想	人际交往能力,教导、医治、帮助他人等方面的技能,对他人表现出精神上的关爱,愿意担负社会责任	教师、社会工作者、牧师、心理咨询师、护士
企业型 E (Enterprising)	喜欢领导和支配别人,通过领导、劝说他人或推销自己的观念、产品而达到个人或组织的目标,希望成就一番事业	经济和社会地位上的成功,忠诚,冒险精神,责任	说服他人或支配他人的能力,敢于承担风险,目标导向	律师、政治运动领袖、营销商、市场部经理、电视制片人、保险代理
事务型 C (Conventional)	喜欢固定的、有秩序的工作或活动,希望确切地知道工作的要求和标准,愿意在一个大的机构中处于从属地位,对文字、数据和事物进行细致有序的系统处理以达到特定的标准	准确、有条理、节俭、盈利	文书技巧,组织能力,听取并遵从指示的能力,能够按时完成工作并达到严格的标准,有组织有计划	文字编辑、会计师、银行家、薄记员、办事员、税务员和计算机操作员

在职业兴趣测试的帮助下,个体可以清晰地了解自己的职业兴趣类型和在职业选择中的主观倾向,从而在纷繁的职业机会中寻找到最适合自己的职业,避免职业选择中的盲目行为。职业兴趣类型没有好坏之分,每种类型都有适合自己类型特点的工作环境,每种类型也都有自己的特点和不足。现实生活中,我们可以凭借兴趣寻找自己喜欢的职业,但是由于种种客观因素,许多时候兴趣和职业不相匹配。但这样也不要紧,因为兴趣不是固定不变的,它可以在专业学习和社会实践活动中通过自己的主观努力去调适和培养,达到兴趣和职业相适应,如护理专业的学生,为了将来可以更好的从事护士职业,就要努力调适自己的兴趣爱好,达到社会型的要求。

2. 如何从所学的医学专业出发培养职业兴趣

(1) 收集医药卫生类职业信息,探索职业乐趣:当一个人选择了陌生的领域开展自己的职业活动时,对于该领域、该专业的信息收集就成为必不可少的一门功课。因为只有真切地了解到自己从事领域的实际情况,才能培养起探索未来职业的好奇心、信心和激情。同时,全面、系统地了解所学专业的就业情况、就业形势、就业制度和执业资格制度等职业信息,这是在校医学生进行职业生涯规划的重要前提。

(2) 学好医学专业课程,激发职业兴趣:中职学生正处于职业兴趣的探索阶段,医学知识和医疗技能的学习可以让同学们对医疗卫生事业本身有深刻的了解和认识,发现并培养职业兴趣。这其中积极参加医疗实践活动,在理论学习和实训实习中加强锻炼是至关重要的。当一个人体验到职业的乐趣,他才能在实际工作中努力发挥主动性和创造力,从而不断取得新成绩,增强成就感。这种成功的体验将会成为激发职业兴趣新的动力和能量。

(3) 加强医药卫生职业认识,培养广泛而有中心的职业兴趣:在所学专业对应的职业群中,有的同学对许多职业都有兴趣,有的同学却找不出自己感兴趣的职业。这主要是由于我们对这些职业不了解造成的。现代社会要求人的职业应该是广泛兴趣与中心兴趣相结合,广泛兴趣能减少在职业选择上受到的限制,在职业变动时也能让自己较快的适应新职业,但是不主张主动多变。随着对医药卫生类职业的认识加深,同学们对某项职业的中心兴趣会逐渐形成,进而对从事这一职业十分向往,并希望体验到快乐,这样就形成了比较稳定的中心兴趣。中心兴趣能使人专注于自己的本职工作,在深入研究的基础上,容易取得发展,成就一番事业。

(4) 了解医学界成功人士,体验职业情感:有强烈职业情感的人,能够从内心产生一种对自己从事职业的需求意识和深刻理解,因而无限热爱自己的职业和岗位。医学领域模范人物的人生经历将会让同学们体会到前辈们对医疗事业的满腔热忱、执着追求和强烈的职业责任意识,可以帮助医学生更深刻地从社会责任上去认识职业,培养起积极的职业情感。

二、塑造职业性格,积极服务社会

(一) 职业性格及类型

1. 职业性格 不同的职业对从业者的性格要求不同,这就要求我们在选择职业的时候充分考虑自身的性格因素。心理学家告诉我们,根据性格选择职业,可以使自己的行为方式与职业工作相吻合,从而更积极主动地发挥聪明才智,高效率地完成本职工作。那么,什么是职业性格,职业性格又有哪些类型呢?

性格是一个人对客观事物的稳定态度以及与之相适应的习惯化的行为方式,是人的稳定的个性心理特征。性格影响人们的生活态度和行为方式,它不仅表现在人们"做什么",也表现在人们"怎么做"。性格因人而异,有的人活泼、开朗、热情;有的人内向、深沉、多思。每个人都具备这样或那样的一些性格特征,一个人的性格就是由各种性格特征组成的有机统一体。当然,性格并没有好坏之分,不同的性格有各自的优势,又有各自的不足。人们常说"性格决定命运",大千世界芸芸众生,性格差异正是导致每个人具有不同命运的原因之一。只有掌握自己性格中的优点和缺点,才能在人生道路上扬长避短、走向成功。

职业性格是指人们在长期特定的职业生活中所形成的与职业相联系的、稳定的心理特征。能适应职业要求的人,谋求职业岗位的机会就多,工作起来就会得心应手、心情舒畅,容易取得成功。如果性格与职业不相适应,就会阻碍工作的顺利进展,让从业者感到倦怠,缺乏兴趣,力不从心。所以,要做好本职工作,就要尽可能使自己的性格符合职业要求。

2. 职业性格类型 就人的职业性格而言,不能仅仅以内向或者外向来划分。事实上,多数人并不只是单独具有某一种职业性格,而是多职业性格。同样,某一种职业要求从业者具有的性格类型也不仅仅就是其中单纯的一种。根据职业与性格的关系,研究人员将职业性格分为以下 9 种基本类型(表 2-2)。

表 2-2 职业性格及典型职业

类型	性格特征	典型职业
变化型	能够在新的或意外的工作情境中感到愉快,喜欢工作内容经常有些变化,在有压力的情况下工作得很出色,追求并且能够适应多样化的工作环境,善于将注意力从一件事转移到另一件事情上去	记者、推销员、演员等
重复型	适合并喜欢连续不断地从事同一种工作,喜欢按照一个固定的模式或别人安排好的计划工作,爱好重复的、有规则的、有标准的职业	纺织工、机床工、印刷工等
服从型	喜欢配合别人或按照别人的指示去办事,愿意让别人对自己的工作负责,不愿意自己担负责任,不愿意自己独立作出决策	办公室职员、秘书、翻译等
独立型	喜欢计划自己的活动并指导别人的活动,会从独立的、负有责任的工作中获得快感,喜欢对将要发生的事情作出决定	管理人员、律师、警察、侦察人员等
协作型	会对与人协同工作感到愉快,善于引导别人按客观规律办事,希望自己能得到同事的喜欢	社会工作者、咨询人员等
劝服型	乐于设法使别人同意自己的观点。并能够通过交谈或书面文字达到自己的目的。对别人的反应具有较强的判断能力,并善于影响他人的态度、观点和判断	辅导员、行政人员、宣传工作者、作家等
机智型	在紧张、危险的情况下能很好地执行任务,在意外的情况下,能够自我控制、镇定自若、工作出色。在出差错时不会惊慌,应变能力强	驾驶员、飞行员、公安员、消防员、救生员等
自我表现型	喜欢表现自己,通过自己的工作和情感来表达自己的思想	演员、诗人、音乐家、画家等
严谨型	注重细节的精确,愿意在工作过程的各个环节中,按照一套规则、步骤将工作过程做得尽善尽美。工作严格、努力、自觉、认真、保质保量,喜欢看到自己出色完成工作后的效果	会计、出纳员、统计员、校对员、图书档案管理员、打字员等

通过对职业性格分类我们可以看到,每一种职业性格类型都有它典型的性格特征,这种稳定的心理特征决定了不同职业性格的个体能够胜任的职业不同。但同时,我们应该知道,每一个人的职业性格类型都不一定是单一的,很多人具有多重性格特征,职业对性格的要求也不是单一,不同性格类型的人也可以从事同一类型的工作。

知识链接　职业对从业者职业性格要求举例

金属切削加工:重复型、服从型、协作型

商业采购人员:变化型、独立型、劝服型

售货员:变化型、协作型、劝服型

护士:变化型、独立型、协作型

厨师:变化型、独立型、严谨型

演员:自我表现型、协作型、变化型

导游:变化型、独立型、自我表现型

警察:机智型、独立型、变化型

同时,同学们要知道,性格是可塑的,已经专业定向的中职学生,应该按照即将从事的职业对从业者的性格要求,在日常生活、专业学习中磨练自己,改造甚至重塑自己的性格。如护理专业的学生,要想成为一名合格的护理工作者,就要有意识地培养自己具有变化型、独立性和协作型的性格类型。

(二)医学生职业性格培养

作为当代医学生,一是要有稳定的医学职业心理,对医学工作有着执着的追求和热爱,能够满腔热情地对待患者、对待同事,能够以平和的心态对待工作中的得与失,能够不断克服自己的不足,促进人格的完善和医疗技术水平的提高;二是要有正确的职业观念,只有在正确的职业观念的引导下,才能坚定专业思想,在工作中严于律己、精益求精,全心全意地为患者服务,从而促进医疗卫生事业的发展;三是要有良好的职业性格,不仅要有精湛的医护技术,还要有对待患者的爱心、关心和耐心,要有救死扶伤的人道主义精神,要有精益求精、一丝不苟的工作态度和高度的责任感。在校期间的医学生就应该注重职业性格的培养,将"职业的敏感性、沉着的应急心理、救死扶伤"的精神转化为自觉的行为,这样才能在今后的医护工作中得心应手,救患者于危难。

医学生职业性格的培养主要有以下几种方法。

1. 培养良好的职业习惯,塑造职业性格　医学生只有立足所学专业,以所学专业对应的职业群对从业者的要求为目标,制定措施,培养良好的习惯,逐步提高自身素质,最终才能使自己的性格符合职业要求。同时,要充分认识到在校期间的实验、实训并不仅仅是医学技能的培养过程,更是职业性格养成的必经之路。在实践操作过程中,面对突发事件我们需要的是高度的职业敏感性,更需要沉着冷静的态度;要将同情心、关爱之心的培养渗透到实验技能的培养过程中,使我们在具备医学技能的同时也充满爱心,怀有对临床工作的热爱、对伤痛患者的关怀。良好的职业习惯是塑造成功职业性格的基础,成功的职业性格是胜任临床岗位、成为合格医学人才的关键。

2. 积累知识,优化职业性格　我们在校学习期间,应该加强专业学习和训练,不断提高自身的专业技能,强化动手能力,以适应岗位的要求。在专业知识的积累和专业技能的训练中培养自己的敬业意识、责任意识和诚信意识,优化职业性格。

3. 从小事做起,完善职业性格　古人云:"千里之行,始于足下。"把每一件简单的事做好就是不简单;把每一件平凡的事做好就是不平凡。从小事做起,就是要立足本职,认真做好自身所在岗位的每一件具体工作。不断完善自己的职业性格就是要从点滴做起,从细节做起,在具体工作中,积极的性格,诸如认真、勤奋、乐观、谦逊和热情能使人更具有爱心和进取心,更具魅力和竞争力;反之,如果一个人一味自恃才高而好高骛远,以懒惰、阴郁、自私、狂妄的消极性格对待工作,在本职岗位上缺乏工作的积极性,那么成功也会离他越来越远。

三、培养职业能力,提升职场竞争力

个人能力是否符合职业要求,直接影响其职业生涯的发展。因此,了解自己的能力倾向及不同职业对从业者能力的要求对我们合理进行职业选择具有重大意义。

（一）职业能力的含义及构成

1. 职业能力的含义 职业能力是人们从事职业活动所必须的能力,直接影响活动的效率,是使职业活动得以顺利完成的个性心理特征。职业能力是就业的基本条件,是胜任职业岗位的基本要求,是个人取得社会认可并谋取更大发展的根本所在。因此,在校学习的中职学生首先应尽可能地提高自己的职业能力。

2. 职业能力的构成 职业能力是多种能力的综合,可以分为一般职业能力、专业能力和综合能力。

（1）一般能力:一般能力主要指一般的学习能力、文字和语言运用能力、数学运用能力、手眼协调能力、人际交往能力、团队协作能力、对环境的适应能力,以及遇到挫折时良好的心理承受能力。这些都是我们在职业活动中不可缺少的能力。

（2）专业能力:专业能力是指具体的、专门化的、针对某一特定工作的基本技能。如,教师的教学能力、外科医生做手术的能力、律师的辩护能力、钢琴家的演奏能力等。这些需要通过教育或者培训才能获得的特殊知识或能力,又被称为知识技能。

（3）职业综合能力:现代社会对从业者的要求也越来越高,拥有综合职业能力才可能取胜于职场。这就要求从业者不但要具备跨岗位、跨行业的专业能力,如计算机应用能力、运用外语解决技术问题和进行交流的能力;还要求从业者具备掌握制订工作计划、独立决策和实施的能力;更要求从业者在工作中能够协同他人共同完成工作,对他人公正宽容,具有准确裁定事物的判断力和自律能力等（表2-3）。

表 2-3 职业能力类型特征及其适宜职业类型

职业能力类型	特征	适宜的职业类型
科研型	以创造思维能力为核心。是通过实验研究、社会调查和资料检索等手段进行新的综合、发明与发现的能力	理论研究、技术革新、发明创造等（医学基础研究、药类技术员、软件设计）
管理型	以决策能力为核心。是能够广泛获得信息,并依此独立地做出应变、决策或形成谋略的能力	管理领域及各行各业负责人,如经理、厂长、行政主管等
教育型	以语言表达能力为核心。是运用各种教育手段传授知识与思想,或组织受教育者进行知识与态度学习的能力	教育、宣传、思想政治工作（辅导员、心理咨询师）
艺术型	以想象力为核心。是运用艺术手段再现社会生活和塑造某种艺术形象的能力	写作、绘画、演艺、美工等
社交型	以人际关系协调能力为核心。是深谙人情世故,能够掌握人际吸引规律,善于周旋、协调,且能使对方通力合作的能力	营销
服务型	以敏锐的社会知觉能力和人际关系协调能力为主。是借助人际交往或直接沟通使顾客获得心理满足的能力	医护人员
操作型	以操作能力为主。是运用专业知识或经验,掌握特定技术或工艺,并形成相应的职业技能与技巧的能力	各类检验

以上划分是相对的,具有某种典型职业能力的人是存在的,但是绝大多数人属于混合型,因此在决策中要弄清楚自己最擅长、最喜欢使用的技能,保证在职业发展中扬长避短,充分发挥自己的优势。

（二）医学生如何提升职业能力，铸就职场成功

1. 加强学习，注重知识技能的提高 构建合理的医学知识结构，并将知识与社会需要的能力统一起来，提升专业技能和创新能力。医学生应以市场需求为导向，重视医学专业理论知识的掌握，以勤奋踏实的态度，积极理解和掌握医疗卫生行业的新理念、新技术、新流程和新配方，为职业生涯打下坚实的理论知识功底。同时，医学生还应该根据所学专业对应的职业群的需要，抓紧时间积极考取职业证书。

2. 注重实践，提升社会能力 注重医学实践，善于与他人合作，培养适应社会、融入社会的能力。在医护实践过程中，医学生真正置身于社会去发现、思考、处理问题，既是对医学专业能力的检验，更是对专业情感、社会责任感的锤炼和提升，是完善自我、发展自己的极好机会。借助医疗单位的实践平台，可以提高医学生的组织管理能力、心理承受能力、人际交往能力和应变能力等。此外，社会实践还可以使医学生了解到医疗卫生领域的就业环境、政策和形势等，有利于学生找到与自己的知识水平、性格特征和能力素质等相匹配的职业，因此，在不影响医学专业学习的基础上，大胆走向社会、参与包括兼职在内的社会活动是在校医学生提升自身就业能力和尽快适应社会的有效途径。

3. 树立竞争意识，增强综合竞争力 医学生要培养竞争能力，运用综合素质取得职场成功，21世纪是竞争的时代，树立竞争意识、增强综合竞争能力是医学生的必修课。医护人员只有具备敏锐的观察能力、开阔的思维能力、流畅的表达能力和熟练的实际操作能力才能真正在职场上游刃有余地开展工作、服务于患者。另外，良好的沟通能力和团队精神、善于根据具体情况来预见患者的需要，善于主动与患者进行情感交流，善于进行人性化的护理都是提高医疗质量、建立良好医患关系的前提和保障。

四、端正态度，树立正确的职业价值观

有人喜欢金钱，有人看重权利，这些问题涉及人的价值观。价值观代表一个人对周围事物的是非、善恶和重要性的评价。人们对各种事物的评价，如对自由、幸福、自尊、诚实、服从等，在心中有轻重主次之分，这种主次的排列，构成了个人的价值体系即价值观，而价值体系是决定人们期望、态度和行为的心理基础。在同一客观条件下，具有不同价值观的人会产生不同的行为。比如在同一环境中，有的人对地位看得重要，有的人对地位看得较轻却很注重工作成就，这就是因为价值观的不同所致。

价值观在所从事职业上的体现就是职业价值观，也叫工作价值观，是人们对待职业的一种信念和态度，是人们谋取一份职业的社会行为目的，决定人的就业方向和职业行为，是人在从业过程中的驱动力。不同的人由于价值观不同，因而对具体职业和岗位的选择也就不同。如有人喜欢同人打交道的职业，有人喜欢同物打交道的职业，有人喜欢充满挑战的职业，有人喜欢安全平稳的职业等等。不同的人对不同职业的偏好，正是职业价值观的体现。

一个人从事与其价值观相匹配的工作，就会认同组织的目标和使命，更愿意为组织付出额外的努力。此外，在个人价值观和工作价值匹配的环境中，个人与组织价值观相吻合的行为很容易被上级管理者发现和赏识，从而进一步激励员工努力工作。个人从事与其价值观相匹配的工作，更容易在工作中发现意义，产生兴趣，提高工作满足感，即使会遇到一些艰难险阻，个体也能够克服重重苦难，实现组织目标。

不同的人有不同价值取向,科学家把人们形形色色的职业取向归纳为以下 13 种。

(1) 成就感:希望提升社会地位,得到社会认同,追求成功,重视旁人对自己的评价。

(2) 道德感和使命感:重视所从事职业在社会发展中的作用,将个人职业生涯发展与社会发展的目标紧密结合,愿意为社会和他人贡献一份力量。

(3) 美感:能有机会多角度地欣赏周围的人和事物的美,有机会展现美和创造美。

(4) 挑战感:能有机会运用自己的聪明才智解决困难,能突破传统方式,用创新方法处理事务。

(5) 健康:能让自己免于焦虑、紧张和恐惧,希望能够平心静气地处理事务,追求身体的健康和心理的安逸。

(6) 收入与财富:所从事职业能明显、有效地增加自己的收入,重视收入的不断增长。

(7) 独立性:工作有弹性,可以掌握自己的时间和行动,自由度高。

(8) 家庭和人际关系:重视自己所从事的职业对家庭的影响,关心、体贴家人和他人,愿意协助他人解决困难,重视人际关系的和谐。

(9) 欢乐:享受人生,结交朋友,追求职业活动中的欢乐感。

(10) 权力:能够影响或控制他人,让他人照着自己的意愿行动。

(11) 安全感:能满足基本需求,职业稳定,有安全感,发生突如其来的职业变动的可能性小。

(12) 自我成长:所从事的职业,有利于知识、能力的提升,有利于人生经验的积累,有利于职务的晋升。

(13) 协助他人:重视自己的行为使他人受惠,重视自己的付出有助于所在团体的发展。

这 13 种职业价值取向可以概括为以下三方面:一是维持并提高物质生活的需要,通过从事职业活动取得报酬,满足人们衣、食、住、行等方面的需求,这是最基本的要求;二是满足精神生活,实现人生价值特别是发展个性的需要;三是承担社会义务的需要,即通过从事职业活动,履行社会分工中应尽的职责,为祖国、为人民多做贡献,尽一个公民应尽的义务。这三类职业价值取向又可以分为以下 6 类职业价值观类型,即自由型、小康型、支配型、自我实现型、志愿型、技术型。表 2-4 反映了每一种职业价值观类型的特征及对应的职业。

表 2-4　各职业价值观类型的特征及适宜从事的职业

职业价值观类型	特征	适合从事的职业
自由型	不受别人指使,凭自己的能力拥有自己的小"城堡",不愿受人干涉,想充分施展本领	作家、编剧、演员等、心理咨询师
小康型	受尊敬欲望很强,追求虚荣,优越感也很强,渴望能有较高的社会地位和名誉,欲望得不到满足时,由于有过于强烈的自我意识,有时反而很自卑	各类检验、营销、行政岗位职员
支配型	想当上组织的一把手,飞扬跋扈,无视他人的想法,为所欲为,且视此为无比快乐	行政主管,公务员、自主创业者、营销
自我实现型	对诸如平常的幸福、一般的惯例等毫不关心,一心一意想发挥个性、追求真理;不考虑收入、地位及其他;非常在意自己的看法,尽力挖掘自己的潜力,施展自己的本领,并视此为有意义的生活	教师、医生心理咨询师、各类科研人员及技术人员
志愿型	热心公益事业,富于同情心,把他人的痛苦视为自己的痛苦,不愿干表面上哗众取宠的事,把默默地帮助不幸的人视作无比快乐	教师、医生、心理咨询师、护士、福利机构工作者
技术型	认为立足社会的根本在于一技之长,因此他们专研一门技术,认为靠本事吃饭既可靠又稳当	医生、各类工程技术人员

多数人追求的是多重满足,既希望为社会多做贡献,又希望个人的物质、精神需要得到满足。我们要善于根据实际情况,把自己的梦想和建设祖国的伟大事业联系在一起,将奋斗的平台放在建设祖国的伟大事业和医疗卫生事业的发展上,努力做好自己的本职工作,实现个人价值和社会价值。

分析自己的兴趣、性格、能力、价值观可以更好地认知自己,使职业生涯规划符合本人实际。兴趣、性格、能力和价值观能否符合职业要求,既是求职者择业时要考虑的因素,也是用人单位甄选人才时十分重视的条件。中职学生正处于青少年时期,可塑性强,应努力提升自身素养,主动适应职业要求。

第二节　认知职业生涯环境,合理进行职业生涯规划

案例 2-2

小丽的父母是个体经营户,常年的过度劳累导致身体多处不适,一旦休息养病,家庭的收入就又成了问题。父母看到隔壁家的小张护士工作稳定,收入又高,还能照顾家人,就特别希望小丽将来也能成为一名护士。小丽听从父母的建议,选择了一所卫生学校学习护理专业。在校期间,小丽勤奋努力,品学兼优,护理操作技能过硬,得到了省级大赛金奖。卫校毕业后,小丽参加当地一家社区医院的公招考试,通过笔试、面试,最终以优异的成绩如愿以偿地成为了这家社区医院的一名护士。

请问:小丽求职成功受到什么因素影响? 你的家庭能给你的职业生涯发展提供什么帮助?

通过小丽求职成功案例我们可以看到,每个人都生活在一定的环境中,父母、朋友、社会等环境因素对职业选择的影响至关重要,实现个人的职业理想必须要对外界的环境有一个清晰的认知。所谓认识外在环境实际上是一个"知彼"的过程,即了解和分析与个人职业生涯发展关系密切的外在环境,包括家庭环境、学校环境以及社会环境。

(一)家庭环境分析

家庭环境是指以家庭这一社会群体为核心形成的物质条件和精神条件的总和。家庭环境包括家庭所在的地理位置、生活环境、消费趋势、经济状况、家庭文化、家庭社会关系、家庭成员的期望水平等内容。青少年的成长离不开家庭提供的物质条件和精神条件。家庭的物质条件是我们中职学生成长的物质基础和推动力。家庭的社会关系、经济状况、家庭成员的职业背景及健康情况,在很大程度上影响到一个人的职业生涯规划和对未来职业的选择,家庭环境是中职学生进行职业生涯规划时必须要考虑的重要环境因素之一。比如,家里经济状况比较困难,我们就要选择就业而不是继续深造。家庭环境也不是一成不变的,在规划职业生涯时应考虑变化的因素。例如,随着年事已高的父母身体状况的变化,受影响的不仅仅是经济收入。在进行职业生涯规划时,要加强和父母的沟通交流,充分考虑家庭状况,做出理性选择。

(二)学校环境分析

学校对我们的职业选择起着重要的影响作用,尤其是和我们将来就业直接密切相关的职业学校。一个学校的软硬件环境、专业设置、动手能力培养、社会实践操作、就业情况、社会声誉等因素都是我们需要认真分析、合理利用的宝贵资源。要学会充分利用学校的品牌优势、专业特色和就业市场,积极把握区域行业发展机会,力争为我们的就业搭建起良好的

平台。对中职学生来说,我们对学校环境要有充分的认知。这样,我们才能在求职时清晰地分辨出学校环境的优势和劣势,才能有助于我们确立职业生涯的发展目标,从而确定我们的职业生涯发展路径。

1. 专业设置 发展良好的职业院校能够根据时代发展的潮流、专业发展的趋势来与时俱进地更新学校的专业设置,体现专业设置的技术性、职业性、前瞻性和实用性,往往与社会上一定的职业群相对应,这样会增加中职学生成功就业的概率。

中等职业学校的专业设置,在分类上从宽到窄有三级,专业大类、专业、专门化方向。为了推动中等职业教育改革创新,更好地支撑产业建设,服务经济社会发展,促进中等职业教育专业设置与职业岗位需求相吻合,指导中等职业学校科学合理地设置专业,2010年教育部对现行的《中等职业学校专业目录》进行了修订。

以医学类中职院校来看,该类学校开设专业属于中职院校专业目录中医药卫生类,具体专业如表2-5所示。

表2-5 医药卫生类中职院校专业目录

专业类	专业代码	专业名称	专业类	专业代码	专业名称
10 医药卫生类	100100	护理	10 医药卫生类	101500	维医医疗与维药
10 医药卫生类	100200	助产	10 医药卫生类	101600	蒙医医疗与蒙药
10 医药卫生类	100300	农村医学	10 医药卫生类	101700	中医康复保健
10 医药卫生类	100400	营养与保健	10 医药卫生类	101800	中药
10 医药卫生类	100500	康复技术	10 医药卫生类	101900	中药制药
10 医药卫生类	100600	眼视光与配镜	10 医药卫生类	102000	制药技术
10 医药卫生类	100700	医学检验技术	10 医药卫生类	102100	生物技术制药
10 医药卫生类	100800	医学影像技术	10 医药卫生类	102200	药品食品检验
10 医药卫生类	100900	口腔修复工艺	10 医药卫生类	102300	医疗器械维修与营销
10 医药卫生类	101000	医学生物技术	10 医药卫生类	102400	制药设备维修
10 医药卫生类	101100	药剂	10 医药卫生类	102500	计划生育与生殖健康咨询
10 医药卫生类	101200	中医护理	10 医药卫生类	102600	人口与计划生育管理
10 医药卫生类	101300	中医	10 医药卫生类	102700	卫生信息管理
10 医药卫生类	101400	藏医医疗与藏药	10 医药卫生类	102800	医药卫生财会

一般来讲,在中职院校的医护专业领域,我们常见的有护理、助产、医学检验技术、医学影像技术、药剂等,边缘学科的美容医学、康复医学、营养保健等专业以及随着国家政策应运而生的"农村医学"等专业也逐渐丰富了卫生类中职院校的专业设置。这些专业一方面让我们接受了内容更为丰富的职业教育,另一方面也让我们在日益细分的职场中获得竞争优势。

卫生职业学校的专业设置是根据社会经济发展的需要,结合国家教育部、卫生部的相关要求为主来进行设置的。很多与时俱进的卫生职业学校,为了在竞争中更具优势,通常会设置一些社会需要较强的专业以及其他有发展潜力的新兴专业。

不同专业的学制、培养目标、就业方向、职业能力要求、教学内容、职业资格证书等要求不同。下面以护理、助产、医学检验技术等专业为例进行说明。

（1）护理（100100）：本专业的基本学制3~4年，培养从事临床护理、社区护理和健康保健的专业人员，毕业生主要面向医疗、卫生、康复和保健机构，从事护理、健康保健等工作。该专业可以取得的职业资格证书为护士执业资格、护理员、心理咨询员等，毕业后继续学习专业高职为护理；本科为护理学。该专业要求具有以下职业能力：①具有医疗安全、护患交流、团队合作的职业意识及认真负责的职业态度；②具有医护人员的职业道德与健康心理，按照医疗卫生相关的伦理与法律法规完成执业任务；③具有护理与医学相关的基本知识和技能，按照护理工作程序，解决护理问题，评价护理结果；④掌握评估方法，能进行护理评估，并能完成安全的用药治疗；⑤掌握常用护理技术，能正确进行日常护理操作及护理特定操作；⑥能使用常用器械、仪器、设备，安排与管理适合的护理环境，保证护理对象安全与舒适；⑦能与护理对象及家属进行沟通，开展心理护理和健康教育；能进行医疗团队内的专业交流；⑧能应急处理和配合医生抢救急危重症病人；能初步处理或协助处理突发公共卫生事件；⑨能进行预防保健的宣教，帮助护理对象完成康复计划。

（2）助产（100200）：本专业的基本学制为3~4年，培养助产与母婴保健的专业人员，毕业生主要面向医疗与妇幼保健等机构，从事临床助产及母婴护理保健工作。该专业可以取得的职业资格证书为护士执业资格、育婴师、心理咨询员等，毕业后继续学习专业高职为助产；本科为护理学。该专业要求具有以下职业能力：①具有医疗安全、护患交流、团队合作的职业意识及认真负责的职业态度；②具有医护人员的职业道德与健康心理，按照医疗卫生、计划生育、母婴保健等相关的伦理、法律法规完成执业任务；③具有助产与医学相关的基本知识和技能，能完成产前评估、自然分娩接生、产后观察及新生儿处理；④掌握常用护理技术，能进行孕产妇和婴幼儿的日常护理操作及护理特定操作；⑤掌握产科、妇科的评估方法，能进行观察评估，并能进行安全给药；⑥能使用常用器械、仪器、设备，安排与管理适合孕产妇、新生儿及妇科患者的环境，保证其安全与舒适；⑦能完成接生、产科与妇科手术等的用物准备，并能进行手术、监护、抢救等的配合；⑧能与孕产妇、妇科患者及家属进行沟通，开展心理护理与母婴保健的健康教育；能进行医护团队内的专业交流；⑨能配合医生对急危重症产妇进行应急处理及抢救。

（3）医学检验技术（100700）：本专业基本学制3年，培养医学检验的专业人员，毕业生主要面向医疗卫生保健、疾病预防控制、采供血等机构，从事临床检验、卫生检验、采供血检验、病理技术等工作。该专业可以取得的职业资格证书为临床医学检验士、理化检验技士、微生物检验技士、病理学技士，毕业后继续学习专业高职为医学检验技术、卫生检验与检疫技术；本科为医学检验技术。该专业要求具有以下职业能力：①具有医务人员的职业道德与医疗安全、社会卫生安全的职业意识，遵守相关伦理和卫生法规；②掌握医学检验及基础医学、临床医学相关知识与技能，能够解决临床检验、卫生检验、病理技术中的一般性技术问题，完成医学检验综合性工作；③能规范地操作与维护常用的医学检验仪器与器械，并了解新的检验技术和设备；④按医学检验工作程序，对检验仪器、设备、计算机、药物以及工作环境进行统筹处理；⑤具有较好地交流能力，能与服务对象沟通，与其他医务人员进行专业交流；⑥能应用本专业知识，及时发现并按工作程序处理公共卫生突发事件。

（4）药剂（101100）：本专业的基本学制3年，培养药品处方调剂及药品购销、仓储物流等专业人员，毕业生面向医疗机构，主要从事处方调剂等工作；面向医药商业和药品生产企业，主要从事药品的采购、储存、物流管理、销售、咨询等工作。该专业可以取得的职业资格证书为药学士、西药药剂员、医药商品购销员、医药商品储运员,毕业后继续学习专业高职为药学、医药营销、药品经营与管理、保健品开发与管理;本科为应用药学、药物制剂。该专业要求具有以下职业能力:①具有安全用药的责任感和诚信的职业道德,能够按照药事管理法规,进行药品的处方调剂与营销服务;②掌握药物、药剂基本知识和技能,能解决处方调剂和药品采购、销售、仓储、物流管理等工作中常见问题;③能按照专业工作程序进行技术操作,辨识和采购药品、识别药物剂型,储存、调剂药品,并能进行药品营销;④能对仪器、设备、工作环境等统筹处理;⑤能进行良好的专业沟通,指导服务对象合理用药。

(5) 医学影像技术(100800):本专业的基本学制3年,培养医学影像技术工作的专业人员,毕业生主要面向医疗卫生机构放射科、CT室、核磁共振室、介入治疗科等部门,从事摄影、仪器操作、影像检查等医学影像技术工作。该专业可以取得的职业资格证书为放射医学技士,毕业后继续学习专业高职为医学影像技术、放射治疗技术、医学影像设备管理与维护;本科为医学影像学。该专业要求具有以下职业能力:①具有医务人员的职业道德与医疗安全、社会卫生安全的职业意识,遵守相关伦理和卫生法规;②掌握医学影像以及基础医学、临床医学等相关知识与技能,能够解决医学影像检验、影像后处理、超声、心电学以及放射治疗等的一般性技术问题,完成医学影像综合性技术工作;③掌握医学影像诊断的基本知识,能对常见病、多发病的影像学征象做出初步描述与判断;④能进行医学影像的常用技术操作,对医学影像设备、仪器、器械、药物、工作环境进行统筹处理,并能进行防护;⑤能对医学影像设备、仪器、器械进行保养和维护,会排除简单的设备故障。⑥具有较好地交流能力,能与服务对象沟通,与其他医务人员进行专业交流;⑦能应用专业知识,及时发现并按工作程序处理公共卫生突发事件。

(6) 农村医学(100300):本专业的开设须依照教育部教职成司有关文件执行,基本学制3~4年,主要培养农村医疗机构从事疾病诊疗及预防保健的医务人员,毕业生面向农村卫生室及边远贫困地区卫生院,主要从事常见病、多发病的诊断治疗、预防保健、康复指导、健康教育等工作。该专业可以取得的职业资格证书为执业助理医师(乡村)、乡村医生。该专业要求具有以下职业能力:①具有医疗安全、医患交流、团队合作的执业意识及认真负责的执业态度;②具有医务人员的职业道德与健康心理,按照医疗卫生相关的伦理与法律法规,完成临床诊疗、预防保健、康复指导和健康教育的执业任务;③掌握现代医学知识与技能,能够辨识常见临床表现,对常见病、多发病做出医学诊断,制订诊疗方案,进行基本处理;能够正确判断危重、疑难或复杂的病情,做到及时转诊;④具有医护基本技术,能进行基本诊疗操作;能使用、管理常用器械、仪器、设备,安排与管理安全、适合的医疗与康复环境;⑤掌握常用药物及用药原则,能进行正确用药治疗,并管理药品;⑥能与患者及家属进行沟通,开展健康教育;能与相关医务人员进行专业交流;⑦能开展农村社区的健康教育、健康检查、慢性病管理、疾病预防等卫生工作,帮助和指导患者进行康复锻炼;⑧能抢救急危重症病人;配合疾控部门处理突发公共卫生事件。

2. 能力培养　中职院校的培养目标就是为祖国培养各类技能型人才。一名合格的职业人,除了应该具备扎实的专业基础知识及良好的个人素质以外,还需要具备以下三种基本能力,即专业能力、方法能力和社会能力。职业院校在教育教学过程中要注重这三种能力的培养。

（1）专业能力：专业能力即在特定方法引导下有目的、合理利用专业知识和技能独立解决问题并评价成果的能力，强调应用性和针对性。例如，医生的诊疗技能、护士的护理技能、药剂工作者的制药技能等，这些专业能力是中职学生未来就业、胜任职业工作的基础，也是赖以生存、谋求发展的核心本领。

（2）方法能力：方法能力是个人在家庭生活、职业生活和公共生活中，面对发展机遇以及各种要求和限制所作出的判断、分析、思考、行动和反思的能力和愿望，强调合理性、逻辑性和创新性。中职学生不仅应具备独立学习、及时获取新知识技能的能力，而且要学会根据职业理想、职业目标来合理制定学习计划、学会进行学习情况的分析，从而使具备可持续发展的动力。

（3）社会能力：社会能力是从业者早在从事职业活动时融入社会和适应社会的水平和程度，强调适应性和积极的人生态度。要求中职学生在从业过程中学会与人交往、树立群体意识和社会责任感。

对于中职学生来讲，掌握专业能力是生存的基础；具备方法能力是成功就业的助推器；社会能力则是融入社会、更好地生存和发展保障。

除此之外我们还应了解我们所在学校的实习实践基地与实践机会、学校就业情况以及学校的社会声望等。学校环境分析对学生成长、就业起着较为关键的作用。良好的学校环境可以弥补家庭环境的不足，使中职学生在就业的起点上能够具备较好的竞争优势。

（三）社会环境分析

1. 政治环境 政治环境引导着企事业单位活动的方向，关乎职业发展的前景与变化，要想在当今社会找到一份满意的职业，实现自己的人生价值，对社会环境的分析与洞察是必不可少的，一个国家的政局稳定与否，会给企业营销活动带来重大的影响。如果政局稳定，人民安居乐业，就会给企业营销造成良好的环境。相反，政局不稳，社会矛盾尖锐，秩序混乱，就会影响经济发展和市场的稳定。因此，社会政治环境的发展与变化，对我们将来的职业生涯产生很大的影响，我们不能左右时代这个大的环境，能做的就是适应这个环境，去洞察与分析政治环境，最大程度地实现自己的价值，规划好自己的职业生涯。

2. 法律环境 作为新时代的中职学生，生活在这样一个依法治国的国家里，我们无时不刻不在感受到法律对于我们的重要性，维护这个社会正常的秩序。我们的法律观念深深地映在我们的脑海里。当然对于我们的职业生涯，社会的法律环境起着一个至关重要的作用，有着举足轻重的地位。我们要想规划好职业生涯，则必须认真的分析当前的法律环境对我们的影响，这是一个法治社会所必需的。

3. 文化环境 当今中国社会各种文化丰富多彩，百花齐放，百家争鸣，文化市场呈现欣欣向荣的情况。中国特色社会主义文化奏响时代的主旋律。随着市场经济的建立，中西方文化交流的加强，再就业方面逐渐形成了一种积极上进、不断创新的思想意识。这种时代的文化背景对我们进行职业生涯规划有着导向作用。我想要想在这个激烈的社会环境下能够发展，能够成为强者，我们当代中职学生更要形成一种开放创新、积极进取的心态，要树立为社会主义现代化建设做出自己的贡献的宏伟目标，努力实现自己的人生价值。

综上所述，在制定个人的职业生涯规划时，要分析环境的特点、环境的发展变化、自己与环境的关系、自己在特定环境中的地位、环境对自己提出的要求或挑战以及环境对自己的有利条件与不利条件等，形成准确的职业生涯定位，科学合理地制定职业生涯规划。

第三节　确定人生发展目标,制定科学发展措施

案例 2-3

比尔·拉福的人生规划

中学毕业后,比尔·拉福立志经商。他遵从父亲的意愿,升入麻省理工大学,他没有直接去读贸易专业,而是选了工科中最普通的专业——机械制造。大学毕业后,比尔·拉福没有立即投入商海,而是又考进芝加哥大学,开始了为期三年的经济学硕士课程。比尔·拉福拿到硕士学位后仍然没有投身商海,而是考了公务员,去政府部门工作。

五年的政府工作结束之后,他辞职下海,去了父亲向他引荐的通用公司熟悉商务。又经过两年,他业绩斐然时,婉言谢绝了通用公司的高薪挽留,离开通用公司开办拉福商贸公司,开始了梦寐以求的商人生涯。二十年之后,拉福公司的资产从最初的 20 万美元发展为 2 亿美元,而比尔·拉福本人也成为了一个奇迹。

请问:比尔·拉福的成功对职业生涯的发展有什么启示?

一、确定发展目标,结合实际进行选择

(一) 职业生涯发展目标的构成

职业生涯发展目标按照实现时间的长短,可以分为长远目标和阶段目标。

1. 职业生涯发展的长远目标　长远目标就是朝着职业理想指引的方向,所确立的最远期的奋斗目标。长远目标不是马上就能实现的,是通过职业生涯的一步步努力而实现的,是一个人职业生涯发展的骨架,是决定职业生涯规划成功与否的关键性因素。

长远目标离我们的人生理想很近,从某种意义上说,长远目标体现了我们为理想所做的最高设想,它可以成为我们追求职业成功的原动力。有了长远目标的支撑,我们往往能专注于某个专业的学习,会对某个职业产生认同感、责任感和使命感,甚至还会对某种事业充满自豪的光荣感,直至现身其中。

对于中职学生来说,长远目标既可以是奋斗方向、范围,也可以是具有激励作用的某个职业。但无论哪种类型,都应该符合社会发展的需要和本人的实际。只有经过认真分析而选择的结果,才能激励我们在学习阶段克服困难、创造条件、努力奋斗,也才能使我们避免随波逐流、浪费青春。

2. 职业生涯发展的阶段目标　阶段目标是根据个人的具体情况所做出的实现长远目标的具体计划。阶段目标的确立是实现长远目标的重要保障。阶段目标具有三个特点,一是必须"跳一跳",为之付出努力,不是轻而易举能达到;二是"够得到",可望又可及,不脱离自身条件,不脱离社会现实;三是"很具体",能让自己明确,为实现这个目标到底需要从哪几个方面做出哪些具体的努力。

职业生涯规划的阶段目标应包含以下四个要素:一是"什么",即具体的职位、技术等级等;二是"何时",即什么时间达到;三是"内涵",即该职位对从业者可能有的精神、物质方面的回报或其他期望;四是"机遇",即达到此目标应有的外部环境,以及环境变化后的调节手段或备选方案。

近期目标是职业生涯发展规划中最重要的阶段目标,是职业生涯发展中第一个指向明确,并以此调整个性、提升素养的目标,具有特殊意义。中职学生正处于职业生涯发展的关键时期,这既是确认发展方向的最佳时期,更是夯实职业生涯发展基础的有效时期。

（二）职业生涯发展目标的选择

职业生涯发展目标的选择，是关系着每个人的人生大事。这个问题对于即将就业的年轻人和已经有了一定职业经历的人来说，都是必然要面对的。尤其是对于即将就业的中职学生来说，如果目标选择得当，就等于找准了人生的坐标，在未来的职业发展道路上就会少走弯路，事半功倍。

在进行职业生涯发展目标选择的过程中应做到：从发展目标对从业者的素质出发，分析本人自身条件与之匹配的程度；从发展目标可能的回报出发，分析本人价值取向得到满足的程度；从发展目标对外部环境的要求出发，分析本人可能有的发展机遇和与之相符合的程度。具体应通过预测、衡量、比较，即"筛一筛、量一量、比一比"后，再做出选择。

1. 预测 预测是设想各种方案并进行可能性评价，估计其可能产生的结果（包括成功的结果和失败的风险）。也就是先看看这个目标有没有可能实现。不论长远目标，还是阶段目标，在确定之前都要通过"筛一筛"，把不切实际、不可能达到的目标去掉。

2. 衡量 衡量即考虑事物的轻重得失。衡量职业生涯发展目标的可行性，即在预测结果的基础上，对设定的发展目标进行考量，结合自身实际，综合各种因素，遵循一定原则，确定最适合自己、最具有可行性的目标方案。

在衡量过程中，需要制定和使用科学的标准。要注意主客观相符、个人与社会协调、现实与发展统一，要"立足现实、着眼发展"。人是现实的，又是发展变化的；职业也既是现实的，又是发展变化的。

衡量目标可行性的过程，实际是通过"量一量"，依据发展目标，对本人实际、发展机遇及其变化趋势的反思。能正确地进行自我认识和评价，才可能合理地对发展目标做出选择。人贵有自知之明，我们既要明确自己强项之所在，也要知道自己的弱项，"我能干什么？"是选择发展目标时，必须回答的问题。

3. 比较 比较目标优劣即"比一比"，是在衡量所得结果的基础上，对各备选方案比较、排序确定最优方案。其目的是反复斟酌、排序择优，从多个备选方案中，挑选出最符合本人发展条件、最有激励作用的方案。

通过预测、衡量、比较三步的决策分析，可能做出的决定有两种：终结性决定和调整性决定。终结性决定，是选出了最佳方案；而调整性决定，是对原有的备选方案均感不满，决定重新探索发展目标，列出几个新的备选方案，再次进行决策分析。对于比较复杂的重大问题，往往需要反复多次分析选择才能做出决策。

二、构建发展阶梯　制定发展措施

（一）阶段目标的设计要领与思路

阶段目标构成职业生涯规划的脉络，是职业生涯规划优劣的重要标志。脉络清晰、分段有据、阶梯合理、内涵明确、表达准确、衔接紧凑、直指长远目标是设计阶段目标时需要注意的。

1. 设计阶段目标的要领

（1）在分段数量上，职业生涯发展的阶段目标既可分为近期目标与中期目标两个大段，也可细分为3~5个阶段，甚至更多。

（2）在表现形式上，有人用简图，有人用表格，有人用文字叙述，有人兼而用之。形式是为内容服务的，关键在于简明扼要、一目了然，能发挥阶段目标的自我激励和自我监督作用。

（3）在分段方法上，既可以按职务晋升设计自己的阶段目标，也可以按职业资格标准的提升安排阶段目标，还可以按照时间设计自己的阶段目标。

不论长远目标是什么，不管怎样分段，我们所学专业对应的职业都应该成为确定阶段目标的重要依据。

2. "倒计时"的设计思路 阶段目标的设计思路有很多种，最常用的是"倒计时"的方式，即根据达到长远目标所需要的台阶，一步一步往回倒着设计。每个人的阶段目标各有不同，阶段目标的设计也因人而异。根据自己期望达到的标准，既可以按照时间段或自己的年龄段期望达到的标准设计自己的阶段目标，也可以按照知识增长、能力提升来设计阶段目标，还可以按照职业任职资格标准的提高设计自己的阶段目标。

"倒计时"设计应有以下步骤。

（1）理清长远目标对从业者的要求，如职业资格、学历、职业知识和技能、工作经验、阅历、人际网络、资金以及职业道德等方面的要求。分析自己与这一长远目标之间的差距，把差距分类，并按与达到长远目标的关联程度进行排序。

（2）以差距为依据"搭台阶"，以分阶段弥补差距为目的，选择阶段目标的"台阶"，为各段目标起个简洁、明确、醒目、层次分明的题目。

（3）注明每个"台阶"对从业者的要求。在各阶段目标的题目下，写清达到目标的内涵和其他相关内容。

（4）理顺各"台阶"的衔接，对前后衔接的两个阶段目标要求进行比较，理顺"什么"与"何时"的关系。

（5）设定达到目标的标准，给每个阶段目标按自我满意度设定标准，如自我满意度高、较高、合格的阶段目标标准。要有应对变化的备案，以便根据当时的环境和机会，灵活选择不同标准，让自己有更多的体验成功。

构建阶段目标必须在认真分析自身现有条件的基础上，根据已确定的长远目标的要求，对二者间的差距进行分解，然后分步推进。构建不断提升的各阶段目标，其目标在于分步缩小现实的自我与未来的我之间的差距，分段提升自身素养，不断向长远目标攀登。

3. 医学生各阶段目标的设计 在校期间作为职业生涯规划的一个阶段，在规划过程中应分年级做如下准备。

一年级：确定目标，考虑毕业后是继续学习还是直接就业，以提高素质为主。打算毕业后直接就业的同学可以通过参加学生会和社团组织，还可以开始尝试与未来职业有关或者与本专业相关的兼职及社会实践活动，提高自己的责任感、主动性和抗挫折能力，把主要精力放在学业上，同时也应注意自身综合素质的提高，以学业为重。

二年级：自我和环境评估并形成行动计划阶段，要对自身的优势和劣势进行客观科学的分析。查漏补缺，继续全面提高自己，做出合理的评估。选择就业的同学应有意识地增加与社会接触的机会，参加多种形式的社会实践活动，为自己的就业打下坚实的基础。与此同时，留意各种行业信息，并在确定目标方面形成初步的打算和计划。

三年级：进入实习阶段，这时以"职业人"的身份进入实习单位，在实习期间一定要遵守实习单位的作息时间和规章制度，"恪守医德，尊师守纪，刻苦钻研，孜孜不倦，精益求精"是我们每个医学生要牢记的口号。

（二）近期目标的制定要领

中职学生职业生涯规划的近期目标，要结合中职学生自身的特点，制定要领如下。

1. 脚踏实地,不好高骛远 近期目标是迈向成功职业生涯的第一个台阶,应该是通过努力,一定能达到的目标。我们要让自己在攀登第一步时,能品尝到成功的喜悦,得到"成功者"的心理体验,树立起"成功者"的信念,增强为长远目标奋斗的自信。

2. 内涵充实,能激励斗志 务实的近期目标,并不是"低标准"的目标。它应具有持续性、发展性的特点,并能够为一生的职业生涯发展奠定基础。同时,还要有激励斗志的效果,既要为树立自信创造条件,更要激励实现长远目标的斗志。

3. 指向明确,有年级特点和专业特色 不同年级的中职学生,近期目标应有区别。入学不久的低年级学生,既可以把毕业时成为优秀毕业生作为近期目标,也可以把升学作为近期目标,还可以把毕业时甚至二年级应取得的职业资格证书作为近期目标。高年级学生临近毕业,一般应把自己就业的第一岗位或升学的具体院校作为近期目标。仅就业而言,最好是一些容易就业的、要求不是很高的初级岗位。

(三) 职业生涯发展措施的制定(表 2-6)

1. 发展措施的重要性 要实现目标,必须要有实实在在的具体办法。措施即针对实际情况为实现目标而采取的处理办法。没有措施的规划,只是一个无法成真的美梦。我们要想实现自己的职业生涯发展目标,必须有针对性强的措施,并付出实实在在的努力,没有行动,目标也只能停留在空想阶段。

2. 措施的三个要素 实现目标的措施有三个要素:任务(含方法)、标准和时间。措施不但应该有实现目标的具体任务(含方法),而且要有完成任务的标准。时间包括两个方面:一是目标完成期限,二是落实措施的时间进度。

3. 措施的制定要领 职业生涯发展措施的制定要领有三点。即措施必须是具体的、可行的、针对性强的。"具体"强调措施的内容要实在,清晰明确;"可行"强调措施要符合自身条件和外部环境,有可操作性;"针对性强"则强调措施不但直接指向目标,而且指向本人与目标的差距。人的精力是有限的,针对性强的措施才能提高实现目标的效益和效率。

4. 制定措施的思路

(1)"近细远粗"的思路:实现近期或者第一阶段的目标的措施要更具体,第二阶段之后的发展措施,则可以"模糊"一些。之所以要"近细",是因为第一阶段目标是最重要的阶段目标,因而第一阶段的措施也是职业生涯发展措施中最重要的措施。后几个阶段的发展措施,会因为本人和环境等各项因素发生变化而需要改变和调整,而第一阶段目标的措施,则是马上就要执行的措施,应该可操作、有指标、易量化。

(2)针对"三个方面"的思路:中职学生职业生涯规划第一阶段的发展措施,要针对三个方面:一是为近期目标的实现服务;二是为第二阶段的发展做铺垫;三是为长远目标的实现打基础。

(3)"弥补差距"的思路:第一阶段措施的制定,不仅以全面提升自身素质为目的,更强调弥补自身条件与目标实现之间的差距。发展目标对从业者的具体要求与从业者自身条件之间的差距,即现有职业能力与职业要求之间的差距,现有知识、技能水准与职业资格标准之间的差距,现有学历与岗位要求之间的差距,个人职业素养与职业要求之间的差距等,应当成为第一阶段措施制定的主要依据。

表 2-6 某卫生学校学生设计的职业生涯计划与措施检查表(护理专业)

	具体计划	具体措施	起止时间	考核指标	目标完成情况
完成短期目标的计划与措施	考取护士执业资格,进入县及以上医院工作(合同护士)	认真完成实习,提高动手能力和实际操作能力,充分展示自己,抓住工作机会	2013.6-2014.6	考取护士执业资格证书、顺利找到工作	
	学习办公自动化	利用业余时间进修	2013.6-2014.6	考取办公自动化证书	
	提高护理操作技能	在临床工作中多做、多看、多问、多听、多学	2013.6-2014.6	得到领导、同事、患者认可	
完成中期目标的计划与措施	考取成人专科	参加成人高考	2014.7-2017.7	专科入学,获得专科毕业证书	
	提高护理操作技能	努力工作,多做、多看、多问、多听、多学	2014.7-2017.7	得到领导、同事、患者的肯定	
	参加事业单位公开招考	利用业余时间认真复习迎考	2014.7-2018.12	顺利通过考试、成为医院正式工作人员	
完成长期目标的计划与措施	参加本科学习	利用业余时间学习,参加成人高考	2019.7-2022.7	本科入学,获得本科毕业证书	
	考取护师资格	利用业余时间学习,参加护师资格考试	2019.7-2020.6	拿到护师资格证	
	考取主管护师资格	利用业余时间学习,参加主管护师资格考试	2025.6-2026.6	拿到主管护师资格证	
	职位获得提升	努力工作得到领导和同事的认可	2019.7-2026.7	成为科室护士长	

某卫生学校学生设计的职业生涯计划与措施检查表(检验专业)

	具体计划	具体措施	起止时间	考核指标	目标完成情况
完成短期目标的计划与措施	毕业后进入乡镇卫生院及以上医院工作(含私立医院)	认真完成学业,提高动手能力和实际操作能力,充分展示自己,抓住工作机会	2013.6-2014.6	顺利毕业,实现就业	
	考取成人专科	参加成人高考	2013.6-2017.6	专科升学、获得专科毕业证书	
	参加临床医学检验技士资格考试	工作之余,认真复习,参加资格考试培训	2014.6-2015.6	考取临床医学检验技士资格证书	
	提高临床检验操作技能	在临床工作中多做、多看、多问、多听、多学	2014.6-2015.6	得到领导、同事、患者认可	
完成中期目标的计划与措施	参加本科学习	利用业余时间学习,参加成人高考	2019.7-2022.7	本科入学,获得本科毕业证书	
	提高临床检验操作技能	努力工作,多做、多看、多问、多听、多学	2014.7-2017.7	得到领导、同事、患者的肯定	
	参加事业单位公开招考	利用业余时间认真复习迎考	2014.7-2018.12	顺利通过公招考试、成为医院正式工作人员	

续表

	具体计划	具体措施	起止时间	考核指标	目标完成情况
完成长期目标的计划与措施	参加临床医学检验技师资格考试	利用业余时间学习，参加检验师资格考试	2019.7-2020.6	拿到临床医学检验技师资格证书	
	参加中级资格考试	利用业余时间学习，参加中级资格考试	2026.6-2027.6	拿到中级资格证（主管检验师）	
	职位获得提升	努力工作得到领导和同事的认可	2019.7-2027.6	成为科室主任	

某卫生学校学生设计的职业生涯计划与措施检查表（药剂专业）

	具体计划	具体措施	起止时间	考核指标	目标完成情况
完成短期目标的计划与措施	毕业后进入乡镇卫生院及以上医院工作（含私立医院和药企）	认真完成学业，提高动手能力和实际操作能力，充分展示自己，抓住工作机会	2013.6-2014.6	按时毕业，顺利找到工作	
	考取成人专科	参加成人高考	2014.6-2017.6	专科入学、获得专科毕业证书	
	参加药士资格考试	工作之余，认真复习，参加资格考试培训	2014.6-2015.6	考取药士资格证书	
	提高药剂专业工作能力	在临床工作中多做、多看、多问、多听、多学	2014.6-2015.6	得到领导、同事、患者认可	
完成中期目标的计划与措施	参加本科学习	利用业余时间学习，参加成人高考	2019.7-2022.7	本科入学、获得本科毕业证书	
	提高药剂专业工作能力	努力工作，多做、多看、多问、多听、多学	2014.7-2017.7	得到领导、同事、患者的肯定	
	参加事业单位公开招考	利用业余时间认真复习迎考	2014.7-2018.12	顺利通过公招考试、成为医院正式工作人员	
完成长期目标的计划与措施	参加药师资格考试	利用业余时间学习，参加检验师资格考试	2019.7-2020.6	拿到药师资格证书	
	参加中级资格考试	利用业余时间学习，参加中级资格考试	2026.6-2027.6	拿到中级资格证（主管药师）	
	职位获得提升	努力工作得到领导和同事的认可	2019.7-2027.6	成为科室主任	

（邢思超）

目 标 测 试

一、单项选择题

1. 职业兴趣是一个人积极探究某种职业或者从事某种活动所表现出来的（　　）
   A. 心理特征　　　　　B. 心理倾向
   C. 心理现象　　　　　D. 特殊个性倾向

2. 性格影响人们的（　　）
   ①生活态度　②行为方式　③职业爱好　④意志品质
   A. ①　　　　　　　　B. ①②
   C. ①②③　　　　　　D. ①②③④

3.“盛年不重来,一日难再晨。及时当勉励,岁月不待人。”从职业能力形成的角度而言,此诗要求当代中职学生(　　)

①珍惜在校生活,努力学习文化知识和专业知识

②抓紧时间,加强专业技能训练

③抓紧时间,吃喝玩乐

④珍惜在校生活,自觉提高职业能力

A. ①②④　　　　　B.①②③

C. ①③④　　　　　D.②③④

4. 学校是根据(　　)来设置专业的

A. 社会经济发展的需要B. 学校的要求

C. 校长的想法　　　D. 班主任的意见

5. 所有的阶段目标都指向(　　)

A. 发展目标　　　B. 长远目标

C. 短期目标　　　D. 近期目标

6. (　　)是一个人职业生涯发展的骨架,是决定职业生涯规划成功与否的关键性因素

A. 长远目标　　　B. 近期目标

C. 阶段目标　　　D. 规划目标

7. 下列不具备阶段目标特点的是(　　)

A.“跳一跳”　　　B.“够得着”

C.“很具体”　　　D.“够模糊”

8. 喜欢创造和自我表达、喜欢艺术的人,属于霍兰德六种类型中的哪一种(　　)

A. 研究型(Ⅰ型)　　B. 艺术型(A型)

C. 社会型(S型)　　D. 企业型(E型)

9. 个人喜欢具体的任务,喜欢与物打交道,喜欢做体力工作,并且其机械和动手能力较强,你觉得下列哪个职业比较适合他(　　)

A. 工程师　　　　B. 会展设计师

C. 作家　　　　　D. 会计

10. 不同的社会环境给予个人的职业信息是不同的。下列四项中,哪一项不是社会环境所包含的因素(　　)

A. 社会文化环境　　B. 人口环境

C. 企业文化　　　D. 社会价值观念

二、思考题

“播种行为,收获习惯;播种习惯,收获性格;播种性格,收获命运。”

请思考:

1. 你如何理解这句话?

2. 你在日常学习和生活中已经养成哪些好习惯和不良习惯?你在今后的日常学习和生活中努力改正的这些不良习惯?(每种情况列出3条以上。)

第三章　职业生涯发展与就业、创业

社会竞争加剧，毕业生在求职应聘、职业选择以及职场发展方面面临更多的机遇和挑战。那么，作为中职毕业生如何进行就业前的准备呢？又怎样认真做好心理、知识、能力、技能等各方面的准备？怎样做好个人的求职材料？如何做一份好简历？这些都是我们中职学生非常关心的问题。

第一节　正确认识就业

案例 3-1

某职业院校护理专业学生小刘，应聘一家私立医院，由于面试前心理调节不充分，结果面试失利。但小刘不甘心，在其再三请求下，用人单位终于同意再给她一次面试的机会。在第二次面试时，小刘努力调整自己的心态，从容自若地答完了应聘医院的所有问题。由于第二次面试成绩优秀，小刘后来被这家医院录用了。

请问：小刘为什么能够应聘成功？

对中职学生来说，就业是对自己受教育程度的综合检验，是对自己适应社会、服务社会的素质和专业技能水平的具体测验，是服务社会、奉献社会、确定自己社会地位的开始。

一、首次就业是职业生涯发展的起点

（一）就业的含义

就业，就是指具有劳动能力的公民在法定的劳动年龄之内依法从事某种有报酬的社会职业。具体从以下三个方面进行界定：一是就业条件，指在法定劳动年龄内，有劳动能力和劳动愿望；二是收入条件，指获得一定的劳动报酬或经营收入；三是时间条件，即每周工作时间的长度。

（二）首次就业的意义

首次就业是我们人生中的重要转折，它将带来生活方式的重大变化，是职业生涯发展的重要经历和起点，对职业生涯的发展和人生具有十分重要的意义。人的一生从索取开始，职业生涯正是从首次就业开始起步的。通过就业，一是使主体从学生变成职业人、劳动者，从学校走向社会；二是由父母哺育、社会扶植、国家培养到通过劳动取得报酬，实现自身价值，反哺父母、回报社会；三是通过就业促进社会经济发展，创造社会财富。

没有首次就业，就不可能有从业阅历，不可能对职业有真正的感悟，不可能真正实现人生角色的转换。只有在从业实践中，才能真正感受和理解职业内涵、职业理想、职业道德以及职业观、择业观、创业观、成才观。

二、我国目前的就业形势

（一）就业形势

我国目前有 13 亿人口，是世界上人口最多的国家，2010 年全国劳动力总量 8.3 亿人，相当于所有发达国家劳动力资源的总和,劳动力资源供大于求的状况将长期存在。如果不能正视这一现实,就可能放弃不可多得的就业机会,职业生涯发展就难以起步。除此之外,劳动力结构性矛盾突出,传统行业、传统岗位、低素质、低能力人才充斥市场,新兴行业、高素质人才紧缺;人才和劳动力市场不规范;职业教育和培训工作相对滞后;下岗失业人员就业难问题和严重侵害劳动者就业合法权益的行为普遍存在。

虽然我国的国民经济保持着持续增长的局面,但既要面对劳动力供大于求长期存在的现实,又要解决许多历史遗留问题,还要解决深化改革过程中出现的新问题,国情决定了我国就业将长期处于存在一定压力的基本格局,就业形势严峻。

(二)医学生就业难的原因

1. 医药食品类人才的传统就业岗位变少,使毕业生就业难 目前国有医疗保健机构和行业的人才供求基本上保持平衡,这些机构对人才的吸纳能力变弱,大型医院基本上不再招聘工作人员,这对对口专业的大、中专院校毕业生来说构成了很大的就业压力。

2. 从业岗位多元化和应聘人员期望值单一之间错位 一方面是医院等传统岗位的吸纳人才的能力变弱,另一方面,一些"边缘"行业异军突起,从业结构呈现多元化。很多大、中专毕业生仍然抱守传统观念,只愿意到公立医院,从事医疗、护理等传统行业,对营销等其他行业不理不睬。

3. 人才培养层次比例失调,导致大量人才不能与市场接轨 目前医药卫生类人才出现了层次性矛盾,即具有研究生以上学历和具有丰富工作经验的人才比较少,而具有本科、大专、中专学历的人才比较普遍。造成这种状况的原因与当前教育有很大关系,近几年高校连续扩招,迅速地培养出了一大批初中级人才,数量上去了,但高级专业人才其市场缺口仍然很大。

(三)医学生面对的就业市场

现代卫生服务形式为医学生就业提供了广阔的舞台。随着社会的进步,人民生活水平的提高,对生活质量和生命健康更加重视,医疗服务的价值将进一步显得突出,社区服务、全科医生、家庭护理、计划生育以及临终关怀等现代卫生服务形式将随之出现,为医学毕业生就业提供了广阔的舞台,医学相关行业的飞速发展是医学毕业生就业的新天地,随着社会主义市场经济的深入发展,许多与人的生命、健康、体育、康复有关的预防、保健、咨询、经营、销售等行业蓬勃兴起。事实上,部分医学毕业生在药品推销、医疗保险、医疗咨询、医疗器械推广等领域取得成功。医学模式的转变,医学人文学科需要医学人才参与学科建设。在医学模式由传统的生物医学模式向生物—心理—社会医学模式转变的过程中,医学与其他学科产生了交叉和融合。整个社会对医学社会学、医学法学、医学经济学、医学美学、医学心理学和医学伦理学等学科的人才需求量将大大增加。这些学科的建设和发展需要大量懂得医学的高级人才,医学毕业生自然是首选对象。因此,医学生需要转变就业观念以适应新的就业形势。

三、我国的就业政策与方针

(一)就业政策

中共十七大把"到2020年实现比较充分的社会就业"确定为全面建设小康社会的重要

目标之一。在总结各地实践经验和借鉴国际做法的基础上,中国已初步形成有中国特色积极就业政策的基本框架。即以提高经济增长对就业的拉动能力为取向的宏观经济政策;以重点促进下岗失业人员再就业为取向的扶持政策;以实现劳动力与就业需求合理匹配为取向的劳动力市场政策;以减少失业为取向的宏观调控政策;以保障下岗失业人员基本生活为取向的社会保障政策。

（二）就业方针

我国实行更加积极的就业政策,确立了"劳动者自主就业,市场调节就业,政府促进就业和鼓励创业"的方针。劳动者自主就业,有利于保证劳动者的合法权益,因为劳动者享有平等就业和选择职业的权利。市场调节就业,通过用人单位自主用人,劳动者自主就业,促进劳动者和用人单位双向选择,有利于促进劳动者自觉提升职业素养,有利于实现劳动力合理流动,在竞争中实现劳动力最优化配置。政府促进就业,是指政府通过经济拉动、政策扶持、市场服务、政府调控、社会保障等,来促进就业。鼓励创业,是通过政策导向促进创业,以创业带动就业。

四、树立正确的就业观念

如何能够兼顾社会需求、兴趣爱好和未来的发展空间,需要我们不断更新择业观念,做好就业前的思想准备工作。

（一）树立勇于面对竞争的观念

树立竞争就业的思想,需要不断充实和提升自己。当前,人才的竞争更加激烈。人们常常抱怨自己的运气差,有些机会知道的晚了一步,好的职位被别人占掉了,对此,我们要知道"上岗凭本事,提拔靠贡献"的道理,树立竞争就业的思想,不断学习新的知识与技能,不断提高自身的素质,把自己培养成为适应社会需要的优秀医药人才。

（二）树立"先就业再择业"的观念

我们要转变思想观念,打破一步到位、一次选择定终身的观念。在进行职业选择时要避免好高骛远、过分挑剔,树立"先就业再择业"的观念。在这里我们强调的是"先就业再择业"需要毕业生注意社会经验的积累和实践能力的培养,这样才能为今后的进一步发展和再一次择业打好基础、做好准备;而非毕业后打着"先就业再择业"的旗号,到处打短工,因用人单位或自身原因频繁变换工作岗位,时而应聘,时而解约。

（三）树立自主创业和终身学习的观念

在就业过程中我们要充分发挥自己的能动性、创造性,不能总是依赖学校和家长,而是应该自己到就业市场去观察、体验实践。我们还应具有自主创业的精神,在有了一定的条件、经验、人脉等资源的积累后,开创自己的事业,寻求职业生涯的大发展。

（四）树立在基层发挥作用的观念

由于传统观念的影响,毕业生和毕业生家长的心理预期过高,选地区、挑单位、讲待遇的现象较为严重,总是期望毕业后到医疗条件好的、待遇高的大医院就业,这样势必造成中职毕业生待业人数的增加。如何结合自身条件和优势进行科学的评估、合理的定位,成为毕业生择业亟需解决的问题。

随着国家基层医疗卫生事业的发展,乡镇卫生院、中心卫生院需要大量的医护人员,这无疑为我们提供了广阔的就业天地,所以,中职学生不要总是把眼光放得太高,盯住大城市、大医院,而是要根据自身各方面的条件,有的放矢地进行选择,把眼光放得更广阔些,才可以找到适合自己的舞台,发挥所长、尽情施展。从最坏处着想,往最好处努力,可以选择中小城市或者大城市的小医院,乡镇卫生院,甚至与医疗相关的产业先行就业之后再慢慢调整。同时,多与基层工作人员交流,充分运用自己所学的知识来为工作服务,提高工作效率,使自身所学的知识能够得到充分的利用。

（五）树立发挥专业所长,并注重综合素质的观念

在择业时首先要考虑所学的专业,根据专业特点谋求职业,以做到专业特点与职业要求相匹配,发挥专业优势;同时也要考虑综合素质和能力,一味强调专业对口,会使我们在激烈的竞争中失去很多机会。转变就业观念,是要树立行行建功、处处立业的新型择业观。

在竞争越来越激烈的今天,聪明人往往会放低姿态,降低门槛,不计得失,少讲报酬,甚至从亏本买卖做起,这是一种战术,一种策略,一种理念。对于职场新人来说,机会重于一切,因为一旦抓住了一个极佳的表现机会,才能展示自己的才华,才能实现"华丽转身",正确认识就业,树立正确的择业观,将是实现人生华丽转身的开始。

第二节 做好就业准备,尽快融入社会

案例3-2

在上海某单位组织的一次面试中,主考官先后向两位毕业生提出了同样的问题:"我们单位是全国数一数二的大集团公司,下面有很多子公司,凡被录用的人员都要到基层去锻炼,基层条件比较艰苦,请问你们是否有思想准备?"毕业生A说:"吃苦对我来说不成问题,因为我从小在农村长大,父亲早逝,母亲年迈,我很乐意到基层去,只有在基层摸爬滚打才能积累丰富的工作经验,为今后的发展打下基础。"毕业生B则回答:"到基层去锻炼我认为很有必要,我会尽一切努力克服困难,好好工作,但作为年轻人总希望有发展的机会,不知贵公司安排我们下去的时间多长?还有可能上来吗?"结果前一学生被录用,后一学生被淘汰。

请问:在求职面试过程中,需要掌握的技巧有哪些? 作为中职学生如何才能顺利实现就业?

学生时代做好从"学校人"到"职业人"角色转换的准备,掌握求职的技巧,就能在就业以后更快地适应职业生活,从容应面对不再单纯的环境,抢先站稳脚跟,更好、更快地在职业生涯的阶梯上攀登。大浪淘沙,适者生存!

一、做好由"学校人"到"职业人"的角色转换

（一）"学校人"和"职业人"的区别

对于中职学生来说,就业意味着离开校园、走向社会,开始自食其力的职业生活,从"学校人"转变为"职业人",是人生一大飞跃。"学校人"和"职业人"在社会上是两个不同的角色,其权利、义务、规范都存在极大差异。

"学校人"和"职业人"的具体区别如表3-1所示。

表 3-1 "学校人"和"职业人"的区别

项目 主体	角色	社会责任	权利义务	人际关系
学校人	获取	提高素质、学习知识、训练技能，为从业做准备	依法接受教育，享受他人劳动成果	受教育者，被关心、被爱护，组织和人际关系简单
职业人	付出	在职业活动中运用知识、技能，创造价值，形成绩效	依法从事职业，为他人服务，取得相应报酬	被管理者，组织和人际关系复杂

（二）角色转换的四个重点

角色转换通过两步完成。第一步是在学生时代做好转换的心理准备，了解两种角色的定位区别，在日常学习和生活中加强针对性训练，在实训期间有意识地强化；第二步是在首次就业后，结合岗位特点，在从业实践中锻炼能力，争取尽快完成角色转换。第一步准备得充分，就能缩短第二步的时间，从而很快进入"职业人"的角色，让自己的职业生涯有个顺利的开端。

以下四个方面的转换是角色转换的重点，我们应该特别重视。

1. 成长导向向责任导向的转变 "学校人"的主要任务，是努力汲取知识，德、智、体、美等全面发展，掌握在职业生活中奋勇搏击的本领，是一个接受教育、储备知识、培养能力的成长过程。"职业人"以特定的身份去履行自己的职责，依靠自己的本领去为社会服务，完成社会分工中应尽职责。对一个"职业人"来说，承担并履行职业职责是非常关键的。责任心强不强，是用人单位考核职工的重要内容。

承担角色责任是从"学校人"向"职业人"角色转换的基础。为顺利完成这一转换，中职学生在学生时代，应把每一项实验、实训当做真正的职业活动来完成，认真完成班级、学校交给的任务，有意识地培养自己的责任感。毕业后初入职场，在面对琐碎、单调、重复的日常工作时，要克服不良心态，尽快熟悉新环境，找准角色、爱岗敬业、任劳任怨，进一步强化责任感。

2. 个性导向向团队导向的转变 学校人际关系较为简单，学生以完成学习任务为主，虽然在集体中生活，但学习活动主要由个人完成。在多种形式的学习活动中，鼓励学生主动地发展自己，个性发展在学校教育中受到特别的重视。而到了工作岗位，人际关系会变得相对复杂。这时，团队意识就成为职业人应具备的素质之一。具有团队精神，在团队中明确自己的位置，处理好与团队其他成员的关系，是成功的"职业人"的重要特征。

在学生时代，我们应该热爱集体、融入集体，积极参加集体活动，在活动中有意识地培养集体主义精神，在实践中提高自己的团队意识。毕业后初入职场，要积极熟悉本职工作及其所在团体的特点，使自己尽快进入角色。

3. 思维导向向行为导向的转变 "学校人"的学习活动以思维为主，主要特点是"想"。思维活动是用头脑去想、去记、去理解的活动，主要表现在意识领域，一般不会有较严重和危害性的后果。"职业人"的职业活动以行为为主，主要特点是"做"。有行为就有相应的后果，基本上不允许犯错误，因为一旦犯了错误就将带来不良后果。

行为不许出错，是对"职业人"的基本要求。中职学生在学生时代，应该在学习理论和实训操作训练时，养成不允许自己出错的习惯，特别是要珍视社会实践、实训实习机会，养成一丝不苟、精益求精的作风，为思维导向向行为导向的转变做好铺垫。毕业后进入职场，要尽快了解行业要求的行为规范和工作标准，按岗位操作要领，准确完成每一个动作，尽快养成符合行业标准的行为习惯，以不许出任何差错的态度来完成每一项任务。

4. 智力导向向品德导向的转变 良好的道德品质是用人单位最看重的职业素养。中职学生在学生时代,不应重智轻德,在学习、生活中都要认真"做人",把"做人"融于"做事"之中,为职业生涯的顺利起步做好准备。毕业后初入职场,要珍惜职业生涯中的第一份工作,尽快了解行业和职业道德行为规范,并以此来规范自己的行为,尽快适应工作,在"做事"之中按行业要求"做人"。

如果我们能在学生时代为上述角色转换做好充分准备,又在首次就业后为之努力,就能更好地完成角色的转换,迈好职业生涯第一步。

二、做好适应社会、融入社会的准备

(一)职业生涯在适应社会、融入社会的过程中得到发展

一个人能否适应社会、融入社会,不但直接关系求职就业的成功率,而且决定着职业生涯能否顺利发展。适应社会、融入社会的能力即社会能力,强调在职业活动中对社会的适应性,是职业能力的主要组成部分之一。社会能力包括交往和沟通、合作、自我控制、推销自我、抗挫折、谈判、组织和执行等多方面能力。

中职学生结束学生时代就要走进社会,要想生存,就要通过工作获取劳动报酬。社会能力强,会很快被领导、同事、服务对象认可和接受,相反,就可能遇到排斥和拒绝。社会能力的强弱,在很大程度上决定着一个人的职业生涯能否成功。社会能力促进职业生涯发展,职业生涯发展的过程也是社会能力提高的过程。

(二)中职学生社会能力提高的途径

1. 在专业学习中训练 知识是能力的基础,但不等同于能力,将知识运用于实践才会成为能力,要有一个转化过程,这个转化过程的完成需要训练。学校安排的一些调查、实验、实习等实践类的课程,就是为了使学生将知识转化为能力,其中也包括社会能力。在校学习期间,我们应当积极、主动地完成这个转化。

2. 在日常生活中训练 社会能力的提高要靠日常生活中的训练。平时就要注意穿着得体,训练自己的言行举止,争取给人留下良好的第一印象。和同学发生矛盾的时候,试着控制自己的不良情绪,久而久之控制力就提高了;有的同学只顾自己的学习,不愿意承担社会工作。其实承担社会工作是训练组织能力和执行能力的好机会。

3. 在社会实践中提高 尽管在学校的生活中可以训练自己的能力,但学校生活毕竟有一定局限性,学校的人际关系不如社会复杂,遇到的问题和矛盾也比较简单。因此,还需要在社会实践中去提高自己的社会能力。中职学生应该积极主动地去适应社会,在校期间既要多参加各种活动,又要多参加各种社会实践,这有利于社会能力的提高。

三、掌握求职的基本方法

(一)搜集就业信息

对面临求职择业的毕业生来说,最关心的莫过于能得到更多的就业信息。谁能拥有更多、更有效的就业信息,谁将赢得择业的主动权。尤其是在我国目前毕业生就业体制处于转轨阶段,信息沟通渠道不健全的情况下,就业信息的搜集就显得更为重要。

1. 就业信息的内容 就业信息是指用人单位发布的、择业者未知的、经过加工处理后

对择业者具有一定价值的客观存在的就业资料和情报。中职毕业生要成功地实现就业,不仅取决于个人的学业成绩、能力水平、综合素质及社会对人才的需求等因素,同时也与毕业生能否及时有效地获取就业信息密切相关。

就业信息可以分为宏观信息和微观信息。宏观信息是指国家的政治经济情况,国家或地区社会经济的方针政策规定,国家对毕业生的就业政策与劳动人事制度改革的信息,社会各部门、企业的职业需求情况及未来产业、职业发展趋势所要求的信息。简单说,宏观信息包括行业信息、职业信息、企业信息等。掌握这些信息,就可宏观地把握就业方向。微观信息是指某些具体的就业信息。如用人单位的职位空缺情况、岗位职责、发展前景、需求专业、任职条件、福利待遇等。这些信息是在学生即将毕业时所必须搜集的具体材料。

2. 就业信息的筛选方法与技巧 搜集就业信息是必要的,但更重要的是对广泛搜集来的信息进行归纳整理、分析和判断,择优而行。毕业生搜集就业信息主要有以下几种方法。一是全方位搜集法,把与你的专业有关联的就业信息统统收集起来,再按一定的标准进行整理和筛选,以备使用。这种方法获取的就业信息广泛,选择的余地大,但较浪费时间和精力。二是定方向搜集法,根据自己选定的职业方向和求职的行业范围来搜集相关的信息。这种方法以个人的专业方向、能力倾向和兴趣特长为依据,便于找到更适合自己特点、更能发挥作用的职业和单位。

毕业生通过上述渠道所收集到的原始就业信息都比较杂乱,有相当一部分信息是没有用处的。毕业生应根据自己的实际情况和需求,对信息进行去粗取精,去伪存真,有目的、有针对性地加以筛选处理,使获得的信息更具准确性、全面性和有效性,使之更好地为自己的求职服务。

在处理这些信息时应把握以下技巧:一是搜集方向,即专业相符、有发展前景、适合自己特点、有发挥作用空间的就业信息。二是掌握重点,将收集到的所有就业信息进行比较,初步筛选之后,把重点信息选出,标明并注意留存,一般信息则仅做参考。三是适合自己,每个人的情况不一样,毕业生应选择适合自己的信息。四是注意信息的时效性,搜集到就业信息后,应适时使用,以免过期。五是分析判断,即把通过各种渠道搜集来的信息按地区、按性质进行分类,再按自己的择业标准进行等级分类,把那些自己感兴趣的单位列为第一等级,作为求职择业的重要选择方向。六是兼顾冷门,即确定信息搜集范围时不能局限于"热门"单位和周边较近地地区,这样一来,会大大提高就业的成功率。

3. 就业信息的渠道 就业信息越广泛,择业的视野就越宽阔;就业信息越有效,择业的把握性就越大。就业信息多种多样,搜集的渠道也各有不同,主要包括以下几个方面。

(1)主管部门:学校主管部门和各级劳动人事部门设立的人才服务中心和职业介绍中心,是专门从事人才交流、职业介绍工作的服务机构。

(2)新闻媒体:人才市场的不断活跃和再就业工作的大力推行,成为各大媒体关注的热点。因新闻媒体传播速度快、涉及面广、信息及时等特点,很多企业通过新闻媒体宣传企业形象,因此寻求人才的广告层出不穷。所以,新闻媒体成为巨大的信息源。作为求职者,应该是一个"有心人",应充分研究并加以分析判断这些广告词,从中得到一些择业招聘信息。

(3)报刊杂志:通过报刊、杂志等传播媒体获取信息,也是一条比较有效的途径。所以,毕业生不要忽视图书馆的作用。

(4)直接获取:毕业生直接到用人单位了解需求信息。到用人单位了解招聘信息,最直接、最及时、也最具体。到用人单位了解招聘信息的最大好处是效率高,你会很快有一个结果。

（5）实践实习：社会实践是自我开发职业信息的重要途径。在社会实践的过程中，通过自己的努力赢得用人单位的好感、信任，取得职业信息甚至直接谋得职业的毕业生不乏其人。因此，在各种社会实践活动中，通过了解社会、提高思想觉悟、培养社会能力的同时，要做一个收集职业信息的有心人。

（6）社会关系：人是各种社会关系的总和，每个人都生活在一定社会关系中。对即将走出校门的毕业生来说，要学会充分利用人际关系的信息传播功能，为自己开辟出一片广阔的职业选择天地。求职过程中可以利用的主要人际关系包括老师、校友、家庭成员和亲友。

（7）互联网：网上求职择业，获取求职信息，已经非常普遍，在网上收集就业信息，既及时又便捷，我们要充分利用这种重要的信息资源。

（二）求职自荐材料的准备

在择业竞争中，决定胜败的因素有很多，其中求职前充分的资料准备是非常重要的一步。自荐材料是毕业生介绍自己基本情况、全面展现个人优势、特长、特点，并且用来和单位取得联系的说明性和证明性材料。它的形式既可以是纸质性书面文本，也可以是网络电子版文本。自荐材料在求职择业过程中可以起到举足轻重的作用。一份好的求职材料往往会对求职择业起到意想不到的效果。直接关系到求职者能否取得成功。

1. 自荐材料的内容及特点 自荐材料主要包括：封面、求职信、个人简历、学习成绩单、学校推荐表（学院、学校鉴定意见）、附件（获证、获奖证书复印件）等内容。学校推荐表是指学校对毕业生在校表现做出的评价性、鉴定性材料。在自荐材料中是非常必要的。它属于官方的认证，具有很强的权威性，一般的用人单位比较信任，把它放在自荐材料中可以加大自荐材料的可信度及自荐力度。

附件是指自荐材料中所列的各方面情况的原始证明材料，也是自荐材料的真实性和求职者各种能力的有力佐证。为防止投递过程中丢失，附件一般用复印件，用人单位决定录用需要看原件时再提供原件，所以原件一定要妥善保存。求职信、个人简历是自荐材料的重点。自荐材料具有客观性、创造性、独立性、全面性的特点。

2. 自荐材料的编写与制作 中职学生自荐材料的类型——功能型自荐材料，它强调的是求职者的能力和特长，不注重工作经历，因为对毕业生来说是比较理想的类型。

（1）封面：封面可由学校统一下发，也可以自己制作，内容应包括校名、主题、姓名、性别、专业、电话、学校简介、附加信息（内容目录、校训、就业指导中心联系方式）等。要求简洁明了、美观大方、格式统一，看着顺眼、舒服。

（2）自荐信：自荐信是向用人单位自我推荐谋求职位的书信，这是踏入社会、寻求工作的第一块敲门砖，也是求职者与用人单位的第一次短兵相接。如何让你的才能、潜力在有限空间里耀出夺人的光彩，在瞬间吸引住用人单位挑剔的眼光，自荐信极其关键。

自荐信有两种形式，一是不知用人单位是否需要聘人的自荐求职，一是在获知用人单位公开招聘职位的自荐求职。不管什么形式，都是为了推销自己。所以，为了成功推销自己，在撰写自荐信之前，请务必了解用人单位的情况（如发展历史、领导与员工概括、发展现状及前景等），做到胸有成竹、有的放矢。

自荐信也是书信的一种，只是它比一般的家书更严肃和隆重而已。格式同书信，都有标题、称呼、问候语、敬辞，有落款。内容主要有三部分，说明原因、推销自己、表达认识及表明态度。

说明原因,正文需要简单说明求职的原因,如刚毕业欲谋职业;学以致用,发挥所长或"为家乡效力是我最大的心愿"等。如明确对方招聘职位,则应说明信息来源。如"近日浏览某网站,敬悉贵院征聘护士一名"等。

推销自己,即在信中具体介绍自己的学历、资历、专长等。如"我是某某学校某某级某某专业学生,将于明年7月毕业。"因为是即将毕业,就只能着重写在校的表现及所取得的重要成果,目的在于突出学习成绩优秀、能力强和综合素质高。

推销自己是自荐信的主体,需要注意以下几点,一是突出自己的优势和特色;二是要言简意赅,不要阐述、切记繁琐;三是介绍专长时只择主要的一两项简单说明即可;四是考虑自己有没有比别人更有利的条件,以便增加录用的机会;五是推销时要适当,要不卑不亢。

表达认识及表明态度,即简单阐述你对单位的认识,以拉近与用人单位的距离,争取亲和感,同时表达你对进入单位或对某一职位需求的迫切程度。

写自荐信需要注意实事求是、投其所好、言简意明、书写工整、手写签名等问题。

(3)个人基本情况:个人基本情况是让用人单位全面了解求职者的,是一份自荐材料最为关键的部分。为达到"清晰、简洁、明了"的目的,建议用表格的形式罗列个人基本情况。

个人基本情况主要由以下九个必述内容组成。

基本情况:姓名,性别,标准照片,户籍,出生日期,毕业院校,专业,学历,学位,毕业时间,婚姻状况,联系方式(电话、手机、电子信箱、通信地址、邮编)等。

社会身份:政治面貌,所在社团。

求职意向:自己欲从事的行业和岗位。

教育背景:按时间顺序列出学历教育、专业,主要课程,所获得的各种专业知识、职业资格和学位。

外语、计算机、普通话等水平。

所获奖励、荣誉:在校学习期间所获得的主要奖励和荣誉。

实践经历:学生工作,社会活动,实习,兼职经历。

其他个人特长及爱好、技能,作品著述,所参与专业团体情况。

自我评价:对自己的总体评价。

(4)学习成绩单:学习成绩单可以在"个人基本情况"中设定专栏进行介绍,但是我们提倡同学们将学习成绩单专门作为自荐材料的一部分进行介绍,以示对学习成绩的重视。倡导提供的成绩单是一份完全无遗漏的学习成绩单,一定要加盖学校学习成绩审查专用章,还要根据不同职位的需求用不同的字体(加粗)重点标出一些课程的学习成绩,以供用人单位参考。学习成绩单可以汇总成一张,但为了显示学习成绩没有弄虚作假的成分,最好是从学校教学管理系统下载并加盖学校成绩审查专用章,但存在页数过多的缺点。

(5)学校推荐表:学校推荐表由学校统一设计,直接到学校就业指导中心领取,除了相关个人信息外,推荐表主要包括班主任意见,学校意见,并加盖学校公章。

(6)附件(获证、获奖证书复印件):建议一张纸上复印2~4个证书,不提倡一个证书复印一张纸,因为我们不要"厚"的自荐材料,重要的证书放在前面,次要的证书放在后面,并且要对证书进行适当的归类,如专业成绩和过级的一类、从业资格一类、社会工作一类,特别需要注意的是证书严禁造假。

(三)掌握面试技巧

面试是对应聘者整体素质的深入考察,具有较大的灵活性与综合性,这一方式不仅能考察一个人的知识面和专业能力,还可以直接观察应试者的体态、仪表、气质、口才、应变能力以及性格特点,是求职成功的临门一脚。

1. 面试的基本知识

(1)面试的含义:面试是用人单位安排的对求职者的当面考核,在很大程度上决定求职者能否被录用,是人才求职过程中的一个重要环节。随着人才市场竞争的日趋激烈,越来越多的用人单位摈弃了"一表人才"(仅凭求职资料)录用的方式,更多的采用当面的考核来选拔人才,所谓"是骡子是马拉出来溜溜"。

(2)面试的种类与特点:面试主要有以下几个类型:电话面试、远程视频面试、交谈式面试、结构化面试、无领导小组讨论、情景模拟面试。

电话面试通常是初步测试应试者在电话中的表现是否和简历相吻合以及表达能力、应变能力等沟通技能如何,并且解除主试官对求职者简历中存在的某些疑问等。

远程视频面试是近年新兴的一种面试形式。主试官与应试者的面试沟通是通过互联网技术在网上完成的,就像视频聊天一样。这种虚拟面试跟真实的面对面的面试形式本质是相同的。要想取得良好的虚拟面试效果,求职者要重视了解与合理利用视频面试的现场环境,熟练掌握面对视频时的表达技巧,做好形象设计,尽量减少网络和设备、环境对沟通的负面影响。

交谈式面试一般是由两至数位招聘者组成的评委会,其中一位任主试官。主试人根据事先拟定的面试提纲,对应试者进行提问。

结构化面试由多名主试官按照预先设计的一套包括各种测评要素在内的试题向应试者提问,根据应试者的回答,给出应试者在各个测评要素上的得分,各个测评要素得分的总和就是应试者结构化面试的最后成绩。

无领导小组讨论,即主试官或者不给应试者指定特别的角色(不定角色的无领导小组讨论),或者给每个应试者指定一个彼此平等的角色(定角色的无领导小组讨论),但都不指定谁是领导,也不指定每个应试者应该坐在哪个位置,而是让所有考生自行排位、自行组织,主试官只是通过安排应试者的活动,观察每个应试者的表现,来对应试者进行评价。

情景模拟面试主要是主试官设定一个情景,如提出一项工程计划,请应试者设法完成,其目的在于考核应试者处理特别情况或解决客观问题的能力。

不管是哪种类型的面试都具备以下特点即以谈话和交流为主要手段、交流具有直接互动性、内容具有灵活多样性、面试是一个双向沟通的过程。

2. 面试前的准备

(1)资料准备:参加面试要带好个人简历、自荐信、成绩单以及有关证书等材料。如:各类获奖证书,外语、计算机、职业技能等级证书。

(2)信息准备:对目标中的用人单位进行研究。用放大镜和望远镜的方式了解企业信息。用人单位地理位置、生产经营状况、文化背景、发展前景、工作条件、福利待遇、对人才的重视程度以及对毕业生的具体安排使用意图等。最好有内部资料,面试人员的个人风格、爱好、当天的心情等。

(3)心态准备:面试时一定要精神饱满,因此在参加面试前要适当放松、洗澡、理发,搞好个人卫生,调节自己的生活规律,保证充分的休息时间,以饱满的精神状态面对主考人员。

(4)面试前礼仪:头发干净自然,如要染发则注意颜色和发型不可太标新立异。服饰大方整齐合身。男女皆以时尚大方的套服为宜。面试前一天修剪指甲,忌涂指甲油。不要佩戴标新立异的装饰物。选择平时习惯穿的皮鞋,出门办事前一定要清洁擦拭。任何情况下都要注意进房先敲门。待人态度从容,有礼貌。眼睛平视,面带微笑。说话清晰,音量适中。神情专注,切忌边说话边整理头发。手势不宜过多,需要时适度配合。进入面谈办公室前,可以嚼一片口香糖,消除口中异味,缓和、稳定紧张的情绪。

3. 面试中的言谈举止

(1)不要擅自走进面试房间:如果没有人通知,即使前面一个人已经面试结束,应聘者也应该在门外耐心等待;如果面试时间到了,进房间之前应先敲门。

(2)握手要有"感染力":面试前的握手是一个"重头戏",握手不要有气无力,而要让对方感受到你的热情,要有"感染力"。

(3)坐姿也有讲究:有两种坐姿不可取:一是紧贴着椅背坐,二是只坐在椅边。这两种坐法,一个显得太放松,另一个则太紧张,都不利于面试的进行。

(4)始终保持用眼神交流:面试一开始就要留心自己的身体语言,特别是自己的眼神,对面试人员应全神贯注,目光始终聚焦在面试人员身上,在不言之中,展现出自信及对对方的尊重。

(5)不要表现得过于自信:过于自信会让人觉得你太有"攻击性",不善于和别人合作。一个基本准则,就是放低自己的姿态,不要为了显示自己的信心而过分表现,更不要言过其实。

(6)学会微笑:微笑是人与人之间最好的一种沟通方式。在面试中保持微笑,对面试成功有很大帮助。微笑,能够表现出你的良好心境,能够体现你的自信与真诚,能够令考官心情愉悦,从而对你产生好感。在面试中,你要把握每个机会展露自信而自然的笑容。切忌不要做作地笑!在平时,可对着镜子先找到自己最美丽的微笑,然后反复练习使之自然成习惯。

(7)避免小动作:咀嚼口香糖,随便动办公室的东西,歪嘴、眨眼、皱眉、瞪眼、耸鼻子等的面部表情,以及抓头皮、弄头发、搔痒痒、揉眼睛、掏耳朵、扣鼻子、打喷嚏、用力清喉咙等。这些极不雅观的小动作若在面谈过程中出现,是非常不礼貌的,它们会间接——甚至直接影响你的面试结果。

第三节 立足自身发展,实现创业理想

案例3-3

从打工仔到老板——一位医学生的创业之路

湖南某医学院1991届毕业生宁某,毕业后被分配到湖南省结核病医院药剂科工作。在该院工作几年后即调入湘珠医药公司任药品销售业务员,每天都要起早贪黑跑市场,凭自己的真诚和毅力终于赢得了客户的信赖,业务越做越大,并积累了丰富的一线药品业务工作经验和一定的社会关系,不久荣升为该公司药品部经理。

随着湘珠医药公司并入湖南国华医药公司,宁某也随之到该公司工作,并出任该公司药品部经理。在此期间,宁某不仅积累了丰富的药品批发经验和一定的资金,而且结识了大量的客户和朋友,为今后自主创业打下了坚实的基础。

在该公司几年的打拼后,宁某又跳槽到了湖南时代阳光医药集团,出任该公司副总经理,并带来了大量的客户和药品经营管理经验。在该公司管理层经过几年的锻炼和积累,待2004年时机成熟时,终于自立门户,入股买下原长沙三九医药公司,并出任该公司总经理,如今生意红红火火,公司不断发展壮大。

请问:宁某创业成功对你有什么启示?

一、创业的含义和类型

创业是指某个人或若干人利用或借用相应的平台或载体,将其发现的信息、资源、机会或掌握的技术,以一定的方式,转化、创造成更多的财富、价值,并实现某种追求或目标的一系列活动。

创业有广义和狭义之分。广义的创业是指创业者通过开拓性思维、创造性劳动创办各项事业的实践活动,其功能指向是国家、集体和群体的大业。狭义的创业是指创业者的个体生产经营活动,主要是指"自主创业"、"创办自己的企业"、"自己当老板"。学生创业均指狭义的创业。简言之,创业就是创办自己企业的一系列活动。

随着经济的发展,投身创业的人越来越多,《科学投资》调查研究表明,国内创业者基本可以分成以下类型。

1. 生存型创业　该种创业的动机处于别无更好的选择(没有工作,或对现有的工作不满意),是一种被迫的选择,而不是个人的自愿行为。生存型创业者大多为下岗工人、残疾人、老人、失去土地或因为种种原因不愿困守乡村的农民,以及刚刚毕业找不到工作的大学生等。这是中国数量最大的创业人群。清华大学的一份调查报告说,这一类型的创业者占中国创业者总数的90%。创业者的创业动机主要是解决温饱问题,鲜有远大的目标。创业者必须依靠自己的创业为自己的生存和发展谋求出路,改变现状是创业的动机。它占创业企业的绝大多数,一般创业范围主要分布于商业贸易和传统服务业,少量从事实业,也基本是小型的加工业。当然也有因为机遇成长为大中型企业的,但数量极少。

2. 主动型创业者(又称机会型创业)　该种创业是指创业的动机在于个人抓住现有机会或即将出现的机会的强烈愿望,是一种个体的偏好,并将创业作为实现某种目标(如实现自我价值、追求理想等)的手段。

主动型创业者又可以分为两种,一种是盲动型创业者,另一种是冷静型创业者。前一种创业者大多极为自信,做事冲动。这样的创业者很容易失败,但一旦成功,往往就是一番大事业。冷静型创业者是创业者中的精华,其特点是谋定而后动,不打无准备之仗,或是掌握资源,或是拥有技术,一旦行动,成功概率通常很高。

3. 赚钱型创业者　赚钱型创业者除了赚钱,没有什么明确的目标。他们就是喜欢创业,喜欢做老板的感觉。他们不计自己能做什么,会做什么。可能他们在做着这样一件事,明天又在做着那样一件事,他们做的事情之间可以没有明显的兴趣,也从来不考虑自己创业的成败得失。奇怪的是,这一类创业者中赚钱的并不少,创业失败的概率也并不比那些兢兢业业,勤勤恳恳的创业者高。而且,这一类创业者大多过得很快乐。

4. 反欺诈委托加盟　反欺诈委托加盟是一个新的业务模式,就是加盟投资商委托一家公司帮着加盟策划,以达到规避加盟风险和引进合适的加盟项目。反欺诈委托加盟绝对不只是简单地为加盟投资商推荐一家连锁企业,而是从加盟创业、维权、店铺经营这三个方面进行整体策划。这一全新的概念是伦琴反欺诈加盟网提出的。

知识链接　　　　　　　　　**医学生创业的主要方式**

独立创业、合伙创业、家族创业、团队创业、网络创业、兼职创业、大赛创业、加盟创业、创意创业、进驻创业园、以高新技术创业。

二、树立自主创业意识

创业意识,是指一个人根据社会和个体发展的需要所引发的创业动机、创业意向或创业愿望;也是在创业实践活动中对人起动力作用的个人心理倾向,包括创业需要、动机、抱负、兴趣、思想、信念、价值观和世界观等心理成分,是人们从事创业活动的强大内驱力。其支配着创业者对创业活动的态度和行为,是创业素质的重要组成部分。

树立自主创业意识包括创业动机、兴趣理念、世界观的形成和培养。其目的是培养学生的创业社会意识,增强学生的社会责任感、社会义务感、社会使命感等,提升学生对创业的认识。培养中职学生正确的创业意识,是我国职业学校创业教育的首要任务。

1. 培养强烈的进取心 创业是一种争取成功的意识、理念,任何一个成功者心中都有一个伟大的梦想。任何一个进取的人都是一个有理想的人。理想驱动着他们前进,去追求自立自强自尊,理想让他们不畏艰难、敢于挑战权威,决心与命运抗争,在一般人不敢或不能涉足的地方创造一个奇迹,成就一番事业。因此,对于学生创业者来说,首先要有明确的人生目标、要有远大的人生理想和坚定的信念,树立正确的世界观、人生观和价值观。

2. 强化创业意识 创业意识作为对人起动力作用的个人心理倾向,是人进行创业活动的能动性源泉,正是它激励着人以某种方式进行活动,向自己提出的目标前进,并力图达到和实现它。每个希望创业的创业者有了创业意识,就会燃烧起创业的激情,选择创业的方向。创办自己的企业,是中职学生职业生涯迈向新高峰的标志。

3. 培养创业精神 创业是一种精神,没有创业精神就不会有创业行动,也就无从谈起创业。即或有创业,也往往是浅尝辄止,半途而废,因为创业的道路不会是一帆风顺的,总是充满困难和挫折的,顽强的创业精神对于成功创业是至关重要的,创业精神既是创业的动力源泉,也是创业的精神支柱,是成功创业的前提。中职学生要有实事求是的科学态度和脚踏实地的工作作风,既要敢想敢干,又要求真务实,要敢于创新,有强烈的事业心和责任感,努力掌握科学文化知识和专业知识、能力。

4. 增强风险经营意识 创业与就业不同,它是一种高风险、高收益的投资行为,创业成功后的巨额收入是对创业者所承担的高风险的回报。那种想不承担风险就能致富的创业行为基本上是不存在的。对于创业者来说,想致富就必须敢于冒险。所以创业者既要看到创业成功之后的收获、掌声和荣誉;同时也要充分评估创业的风险,实事求是分析自己所具备的的创业能力,做好承受挫折和失败的心理准备。

三、培养创业者的素质和能力

(一) 培养创业者心理素质

想创业、敢创业,是创业成功的必要前提。创业者应具有独立、合作、果断、克制、坚忍、适应性强等素质,这些素质可以在日常生活和学习中进行培养、锻炼、得到提高。

1. 独立、自主的心理素质 创业者要有独立自主的个性品质,它主要体现在:自主抉择,即在选择人生道路、创业目标时,有自己的见解和主张;自主行为,即在行动上很少受他人的影响和支配,能按自己主张将决策贯彻到底;行为独创,即能够开拓创新,不因循守旧、步入后尘。

2. 善于交流、合作的心理素质 创业需要与客户、公众媒体、企业内部员工打交道,需要通过语言、文字等多种形式,与周围的人进行有效的交流与沟通。创业需要通过合作排除障碍、化解矛盾、增加信任、降低工作难度,合作有助于事业的成功。

3. 敢于承担风险、勇于拼搏的心理素质　在市场经济大潮中,机会与风险共存。只要从事创业活动,就必然有风险伴随,事业的范围和规模越大,取得成就越大,伴随的风险也越大,需要承受风险的心理负担也就越大。立志创业,必须有胆有识、敢于实践、敢冒风险。

4. 克服盲目冲动的心理素质　在创业过程中,创业者要善于克制、防止冲动,积极有效地控制和调节自己的情绪,使自己的活动始终在正确的轨道上进行,不会因一时的冲动而引起缺乏理智的行为。

5. 坚持不懈、不屈不挠、顽强努力的心理素质　创业者需要百折不挠、坚持不懈的毅力和意志。能够根据市场的需要和变化,确定正确而且令人奋进的目标,并带领员工摆脱逆境实现目标。创业者必须有一颗持之以恒的进取心。

6. 善于进行自我调节、适应性强的心理素质　面对市场的复杂变化和激烈竞争,创业者能否灵活地调整自己,适应变化,成为创业成功的关键所在。创业者应具有较强的适应性,要有周全的考虑,善于总结经验和吸取教训,能够面对现实及时做出适当的调整,为将来积累力量。

(二)提高创业者的能力

创业者需要具有高层次的综合职业能力,即会创业,在专业能力、方法能力以及社会能力方面都有特殊要求。

专业能力主要变现为:所创办企业中主要岗位的从业能力,接受和理解与所办企业经营方向有关新技术的能力,把环保、能源、质量、安全、经济、劳动等知识和法律、法规运用于本行业实际的能力。

方法能力主要表现为:信息接收和筛选能力、捕捉市场机遇的能力、分析与决策能力、迁移和创新能力、申办企业的能力、确定企业布局的能力、发现和使用人才的能力、理财和融资能力、控制和调节能力、评估和驾驭风险的能力。成功的创业者,总是事先对成功的可能和失败的风险进行分析,选择成功可能性大的目标,所以创业者评估和驾驭风险的能力必须比一般人高。

社会能力主要表现为:人际交往能力、谈判和推销能力、企业形象策划能力、合作能力、自我约束能力、适应变化和承受挫折的能力。对于创业者来说,社会能力是一种特别重要的能力。

四、熟悉创业的要求与程序

(一)构思创业项目

选择创业领域时,要注意以下三个方面。

1. 从自己的专长出发,经营熟悉的项目　创业项目应有利于发挥自己的长处,要对项目所在行业有比较深入的了解。创业者本人的经验、学识、能力,对涉足行业的认知程度,对创业成功起着重要作用。不要从事不熟悉的业务,常言道"隔行如隔山"。市场熟、产品熟、人际关系熟,就能"驾轻就熟"。

2. 从市场需要出发,经营有商机的项目　创业项目要从顾客的角度出发,要有相应的顾客群,从服务对象的需要考虑,要"适销对路"。市场的需求是有层次的,作为创业者,应密切注意市场需求,捕捉别人没有发现的商机,及时发现新产品、新技术、新服务、新工艺,果断调整,开发新项目,开拓新领域。如果人们无法获得所需要的产品或服务,这对创业者来说是一个填补空白的商机;如果现有的企业提供的服务不能满足需要,对于新企业来说就是一个提供更佳服务的竞争机会。

3. 从自身能力出发,经营力所能及的项目 发现新商机时,要认真思考自己能否有能力利用这个机会。了解自己的现实条件,有助于决定开办什么类型、什么规模的企业。要审视自己的能力和条件,包括资金、专业特长、承受风险的能力等,看看自己能否把握这个机会。

(二)编制人际网络

开办企业的过程,实际上是一个组织供应商、承包商、咨询专家、雇员等的过程。为了找到合适自己的人选,必须有一个服务于即将创办企业的人际关系网。

广泛有效的社会关系是自主创业的保障。一个刚开办的公司,往往需要得到各方面的帮助才能发展,具备"天时、地利、人和"才能成功。如果有意进军某个行业,要先在这个行业建立人际网络。要多参加社交活动,扩充自己的社交圈子,或许他们会成为我们将来的合作者或顾客。

有创业意愿的医学生,应当有意识地建立自己的人际网络,加强与过去和现在的同学、朋友、邻居、亲戚、师长的沟通。人际关系重在平时的维护。建立人际网络是训练人际交往能力、合作能力、适应变化和承受挫折能力等社会能力的过程。

(三)创业的基本程序

创业的基本程序可划分为5个步骤,即选定创业项目、拟定创业计划、筹集创业资金、办理创业的有关法律手续、创业计划的实施与管理。

1. 选定创业项目 对大量创业成功者的实例研究证明,选定好的创业项目是创业成功的前提和基础。选择创业项目不仅要对自己的兴趣、特长、实力进行全面客观的分析,而且要善于发现市场机会、把握未来发展趋势。

2. 拟定创业计划 选定创业项目是指创业"干什么",拟定创业计划则是决定创业"怎么干"。好的计划是创业成功的一半。只有拟出切实可行的创业计划,创业活动才能有的放矢,减少失误,提高创业成功的把握度。

3. 筹集创业资金 常言说,巧妇难为无米之炊。创业也是一样的,必须有一定的资金,否则,创业活动就无法开展。但是,由于创业者一般都缺乏资金,筹集创业启动资金就成为创业者必须解决的一个重要问题。

4. 办理创业的有关法律手续 投资创办企业必须按照有关法律法规要求,办理有关手续方能开业,其项目主要是办理工商登记注册手续、办理税务登记手续、办理银行开户手续等。

5. 创业计划的实施与管理 创业者完成了前4个步骤的工作后,接下来就要按照拟定的创业计划要求,组织调配人、财、物等资源,实施创业计划并加强管理。如果说前4个步骤是创业活动的准备阶段,那么这一步骤就是创业活动的实施阶段。创业实施阶段的工作既是创业活动的重点,也是创业活动的难点。这一阶段的工作不仅要求创业者要有吃苦耐劳、不屈不挠的精神,更要求创业者讲究工作方法、运用经营管理策略,方能实现创业目标。

(邢思超)

目 标 测 试

一、单项选择题

1. 下列关于职业生涯发展首次就业的认识说法正确的是(　　)

A. 是我们人生中的重要转折,是职业生涯发展的重要经历和起点。

B. 是我们人生中的重要转折,是职业生涯发展的唯一经历和起点。

C. 只是首次就业,我们还可以再创业,从业阅历和职业感悟可以适当忽略。

D. 在遇到困难时,可以放弃,另谋发展也是好事。

2. 下面关于就业形势与择业的认识说法有误的是(　　)

A. 我国劳动力资源供大于求的状况将长期存在,不能放弃不可多得的就业机会,要正视这一现实。

B. 我们应该调整就业期望值,找准坐标,从低层岗位做起。

C. 找到一份工作是职业生涯的第一步,一定要保持不急不躁高标准高定位的作风。

D. 中职学生要发挥自己务实的就业观和动手能力强的优势。

3. 下面关于中职学生的就业观和择业观表述正确的是(　　)

A. 中职学生首次就业中,当就业目标与现实需求之间发生矛盾时,要坚持己见,不能轻易改变自己的就业目标。

B. 在新的就业领域里,如果似乎是不感兴趣的职业,应立马跳槽,继续向既定的长远目标努力。

C. 首次就业后,不少人都会产生再择业的想法,这是不应该的,这样做风险很大。

D. 再择业时实现个人职业生涯发展的关键环节,要考虑到可持续发展,积极创造条件、寻找机会,首次就业后再择业的考虑,也无不可。

4. 下面对"学校人"和"职业人"的区别认识错误的是(　　)

A. 从"学校人"转变为"职业人"是人生一大飞跃。

B. 校园、职场之间,不但环境不同,任务有别,而且人群之间的关系也有了质的变化。

C. "学校人"和"职业人"在社会上是两个不同的角色,其权利、义务、规范都存在极大地差异。

D. 无论是"学校人"还是"职业人",在人生的大舞台上,都扮演着相同的角色。

5. 求职时需要收集就业信息,需要做到(　　)

①可通过传媒和网络搜集就业信息。

②应注意搜集所学专业对应行业以及职业群的信息。

③应搜集具体用人单位信息。

④可通过学校和中介、亲戚和朋友等多种渠道搜集就业信息。

A. ①②③④　　　　　　　B. ①④

C. ②③　　　　　　　　　D. 以上都不正确

6. 下面不属于面试技巧的是(　　)

A. 要重视行为举止,掌握谈话技巧,推测对方心理,展现自身优势。

B. 谈话时要口齿清晰,语言流利,语气平和,语言要含蓄、机智、幽默。

C. 要明确提出自己在该单位的期望值,比如任职部门或者薪水。

D. 要密切注意听者的反应。

7. 常言道"隔行如隔山",从职业生涯规划的角度看,这句话说的道理是(　　)

A. 选择创业领域时,要从自己的专长出发,经营熟悉的项目。

B. 往往人们无法满足的需求,便是创业者最大的市场。

C. 对于我们不熟悉的行业,我们千万不要去涉足它。

D. 选择自己不熟悉的行业去发展职业生涯,就好比是在爬大山一样吃力。

8. 一个刚开办的公司,往往需得到各方面的帮助才能发展,具备"天时、地利、人和"才能成功。这里的"人和"指的是(　　)

A. 和睦、同心同德的公司同事关系。

B. 广泛有效的社会关系,即这个行业需要建立的人际网络。

C. 健康的行业竞争关系。

D. 和谐高效、人性化的公司人事管理章程。

9. 下面对创业者应具备的心理素质,说法错误的是(　　)

A. 想创业、敢创业,是创业成功的必要前提。

B. 创业者的良好心理素质只有将自己融入到职业岗位上的时候才能得到提高。

C. 创业者应具有独立、合作、果断、克制、坚韧、适应性强等心理素质。

D. 面对市场的复杂变化和激烈竞争,创业者能否灵活地调整自我,适应变化,成为创业成功的关键所在。

10. 下面叙述不正确的是( )

A. 尽管在学校的生活中可以训练自己的能力,但学校生活毕竟有一定的局限性。

B. 学校的人际关系和社会的一样复杂,实际上,一个学校就是一个社会的缩影。

C. 有的同学平时只顾自己的学习,不愿承担社会工作,是一种错误的想法。

D. 中职学生对社会的适应应该积极主动,在校期间既要多参加各种活动,也要多参加各种社会实践,这有利于社会能力的提高。

二、思考题

小杨是某医学院校的毕业生,专业对路、成绩优秀,其简历从厚厚的应聘材料中脱颖而出,入列预选名单。但她面试时,穿着过于新潮:鲜艳的短上衣、破旧的低腰裤,很夸张地戴着热带风情的大耳环,一进门让由专家教授组成的考官们一愣,考官们没问什么问题,就结束了面试,结果当然是她被淘汰出局。

1. 分析小杨面试失败的原因是什么?

2. 如果小杨重新进行一次面试,请你给她一些建议。

第四章　塑造自己的良好形象

一个人的文明礼仪,从小处讲,可以展现个人的良好形象,协调与他人、社会的关系;从大处讲,能够反映一个民族的文明程度,甚至关系到社会的和谐与稳定。中职学生应该了解文明礼仪的基本要求,自觉践行文明礼仪规范,以讲礼仪为荣,以不讲礼仪为耻,追求高尚的人格,维护自己的文明形象,养成习礼仪、讲文明的好习惯。

第一节　提升自己的人格魅力

案例 4-1

小李毕业于某卫生学校护理专业,自身条件非常符合某三甲医院的招聘要求。面试时,当医院领导问她对自己职业有何规划时,她回答说:"没有想过,做了再看看吧";当医院领导问她有什么专业优势? 她回答说:"没什么优势";当医院领导问她还有什么问题要问吗? 她犹豫了很久才说:"没有了。"而且声音很小,最终医院领导只得提前结束面试。

请问:小李能面试成功吗? 为什么?

一、正确认识自己

每个人都是独一无二的,人人都有自己的优点和缺点。要做自己人生的主人,就要正确认识自己、完善自我意识。要正确认识自己,需要客观分析自己的优势和不足,全面认识自己,既不要盲目地自我欣赏以造成自傲或自狂,也不要贬低自己以造成自卑或自我否定。我们如何做到正确地认识自己呢?

1. 通过自我观察认识自己　我们对自己各种身心状态和人际关系等的认识,即生理自我、心理自我和社会自我。如自己的身高、外貌、体态、性格、自己与他人的关系等方面的认识。

2. 通过他人评价认识自己　我们都知道"旁观者清"、"以人为镜可以明得失",在认识自己的过程中,我们要主动向他人了解自己。

3. 通过比较认识自己　我们把现在的自己与过去的自己进行纵向比较,与同龄人或者有类似条件的人进行横向比较,通过纵横比较来正确认识自己。

4. 通过社会实践认识自己　我们可以通过参加各种活动,根据各种活动过程与结果来认识自己。

正确的认识自己,既要有不失自知之明的睿智,也要有不妄自菲薄的果敢;既不高估自己,觉得自己无所不能,也不低估自己,觉得自己一切都无能为力,扬长而补短,才能做出符合自己实际的人生选择,找到适合自己特点的人生发展道路,做自己人生的主人。

二、做自尊自信的人

自尊自信是正确认识自己的结果。自尊就是尊重自己,爱护自己,从身体、仪表到行为、心灵,维护自己作为一个人的尊严,不做有损人格的事情,不向别人卑躬屈膝,也不容许别人歧视、侮辱自己。自尊的人懂得尊重他人,因为要想赢得他人的尊重,首先要尊重他人。不尊重他人的人不可能赢得他人的尊重。自尊和尊重别人是获得尊重的前提。

自信是一个人相信自己能力的心理状态,即相信自己有能力实现自己既定目标的心理倾向。自信是建立在对自己正确认识基础上,对自己实力的正确估计和积极肯定,是自我意识的重要成分,是心理健康的一种表现,是学习、事业成功的有利心理条件。自信的支点是自己的长处和优势。正确认识自己是自信的坚实基础,自我肯定是培养自信的重要途径。

一个人应该自尊自信,自尊自信是每位成功者应具备的品质,无数事实和研究结果告诉我们:每个人身上都有巨大的潜能没有开发出来,人的潜能犹如一座待开的宝藏,我们每个人都有一座潜能宝藏。

知识链接	让我们用实际行动建立自信

建立自信最快、最有效的方法,就是去做自己害怕的事,直到获得成功。具体方法如下。

1. 突出自己,挑前面的位子坐。

2. 睁大眼睛,正视别人。不敢正视别人,意味着自卑、胆怯、恐惧。正视别人等于告诉对方:"我是诚实的,光明正大的;我非常尊重你,喜欢你。"

3. 昂首挺胸,快步行走。步伐轻快敏捷,身姿昂首挺胸,会给人带来明朗的心境,会使自卑逃遁,自信滋生。

4. 练习当众发言。面对大庭广众讲话,需要巨大的勇气和胆量,这是培养和锻炼自信的重要途径。

5. 学会微笑。真诚的笑不但能治愈自己的不良情绪,还能马上化解别人的敌对情绪。如果你真诚地向一个人展颜微笑,他就会对你产生好感,这种好感足以使你充满自信。

第二节 礼仪修养显个人魅力

案例 4-2

药剂专业的毕业生小陈到某医院去面试,由于她各方面的条件都不错,医院的人事主管表示可以录用。小陈听到后十分兴奋,大叫了一声,拿一块随身携带的口香糖若无旁人地吃了起来,还顺手将纸皮扔到了桌上,这一切被医院主管看在眼里,最后这位主管告诉小陈面试不合格,不予录用。听到这话,小陈哭了,顺手又将擦泪的纸巾扔到了地板上,主管只好自己将其捡起放回纸篓。

请问:小陈的行为有什么不妥? 小陈求职失败给你什么启示?

一、个人礼仪的基本要求

（一）礼仪的含义及其作用

1. 礼仪的含义 礼仪是指人们在社会交往中形成的尊重他人的行为规范与准则。礼仪的本质是尊重,即在人际交往中尊重自己、尊重别人。礼仪的内容包括礼貌、礼节、仪表、仪式等。礼貌是指在人际交往中,表示尊敬和友好的行为规范。主要表现为人的品质与素养。礼节是指在交际场合表达对对方尊重和友好的惯用形式如握手、鞠躬、献花等。仪表即人的外表,是礼仪在个人外在形象方面的体现,包括容貌、服饰、体态等方面。仪式是指一定场合举行的具有专门规定的形式和程序的规范活动如升旗仪式、签约仪式等。

2. 礼仪的作用

（1）礼仪有助于提高人们的自身修养:在人际交往中,礼仪往往是衡量一个人文明程度的准绳,可以说礼仪即修养。

（2）礼仪有助于促进人们的社会交往,改善人际关系:礼仪是人际关系的"润滑剂",一个人只要同他人打交道,就不能不讲礼仪。

（3）礼仪有助于净化社会风气,推进社会主义和谐社会的构建:如果大多数人都能注重礼仪、讲礼仪,就能使人与人之间和谐相处,促进社会主义和谐社会的构建。

（二）个人礼仪的基本要求

个人礼仪是社会个体的生活行为规范与待人处世的准则,是个人仪表、仪容、言谈、举止、待人、接物等方面的个体规定,是个人道德品质、文化素养、教养等精神内涵的外在表现。

个人礼仪的基本要求是:仪容仪表整洁端庄,言谈举止真挚大方,服装饰物搭配得体,表情自然舒展。

1. 仪容礼仪　仪容礼仪指的就是一个人的外在相貌,主要指面部发式和颈部等未被遮盖肌肤。"面必净、发必理、衣必整、钮必结、头容正、胸容宽、肩容平、背容直。气象:勿傲、勿暴、勿怠。颜色:宜和、宜静、宜庄。"人际交往过程中适当的修饰、美好的容貌都会给人留下深刻的印象,更能提高个人的亲和力,促进事业上的成功。并且在仪容礼仪方面应遵循整洁、自然、和谐、个性、礼貌五方面的内容。

2. 举止礼仪　举止是指人的身体姿态,它包括站、走、坐、蹲、手、面部表情等举止行为。举止行为是一个人的教养、学识的外在表现。站立是人们日常交往中一种最基本的举止。站立不仅要挺拔。还要优美典雅,站姿是优美举止的基础。在站姿上基本遵循以下要领即可。头正,双目平视,嘴唇微闭,下颌微收,面部平和自然;双肩放松,稍向下沉,身体有向上的感觉,呼吸自然;躯干挺直,收腹,挺胸,立腰;双臂放松,自然下垂于体侧,手指自然弯曲;双腿并拢立直,膝、两脚跟靠紧,脚尖分开呈60°,身体重心放在两脚中间。走路的时候自然摆动双臂,幅度不可过大,不要顺拐,走路时还应注意不要内八或外八,也不要东张西望。坐姿的时候要立腰、挺胸,双肩放松,上体自然挺直,双膝自然并拢。双腿正放或侧放,双脚平放或交叠。坐时不可前倾后仰,或歪歪扭扭;两腿不可过于叉开,也不可长长地伸出去,不可跷起二郎腿。也不可大腿并拢,小腿分开,或腿不停地抖动。

知识链接　　　　　　　　　　　**中职生仪容仪表规范**

仪容仪表是形成第一印象的首要条件,美好的第一印象将会起到先入为主的神奇作用。中职生仪容仪表应符合学生的身份和特点,整洁大方,朴素得体。

1. 男生不留长发,不剃光头,不染发、烫发,不留怪发型,做到前发不覆额、后发不及领、侧发不掩耳。

2. 女生要求留短发或扎马尾辫,前额刘海不遮眉,不披头散发,不烫发、染发,不梳怪发型,不化妆,不涂指甲油。

3. 穿戴干净整洁,朴素大方,不穿奇装异服,不佩戴饰物。

4. 不得穿拖鞋进入校园,女生不得穿高跟鞋。

（三）个人礼仪的作用

人们对他人的第一印象主要来自于对其性别、年龄、相貌、服饰、表情、姿态、谈吐、举止等外在因素的感受。这就是"第一印象"效应,也叫首因效应。心理学的研究表明,由第一印象所形成的心理感受最为深刻。有人说,能给人留下美好的第一印象就成功了一半。这说明了个人礼仪的重要性。

个人礼仪是一个人基本素养的外在表现,是衡量一个人文明程度的重要标准。其作用表现在:

1. 个人礼仪有助于我们塑造良好的个人形象,改善我们的人际关系。
2. 个人礼仪有助于展现良好的组织形象,促进组织发展。
3. 个人礼仪是社会主义精神文明建设的基础。

总之,要塑造良好的个人形象,就必须重视个人礼仪的养成。

游戏活动:

俗话说:"站有站相,坐有坐样。"一个人的举止风度是从他举手投足等身体部位的动作,以及待人接物的行为中具体表现出来的。"站如松,行如风,坐如钟,卧如弓",是古人对人体姿态的形象概括,也是对人们举止的形象化要求。发自内心的微笑可以沟通人们的心灵,架起友谊的桥梁,给人以美好的印象。

请几位同学上讲台做一个自我介绍,其他同学注意观察他们的言谈举止、表情动作。并作出客观评价。

二、养成良好的个人礼仪

个人礼仪习惯需要我们通过每一天、每一件事的历练,才能形成这如同一块未经雕琢的玉石,需要通过不断刻凿,才能逐渐成为美玉一样。对于中职学生来说,养成个人礼仪的良好习惯不仅是提升自身竞争力、提高就业能力的需要,也是时代发展、社会发展的要求。让我们经常反问自己:我的语言美不美? 我的行为美不美,我的心灵美不美,在反思之后要不断纠正自己不良的行为习惯,天长日久,就能逐渐塑造一个美好的"我",一个与他人和谐相处的"我"。

第三节 交往礼仪营造和谐的人际关系

案例4-3

风和太阳争执谁的力量大。风说:"我可以证明我的力量是巨大的。你看,地下正走着一位身披大衣的老者,我能比你更快速地将他的大衣脱掉。"于是,太阳躲进乌云里,风使出它所有的威力狂吹,但是,风吹得越大,那老者越将他的大衣牢牢抓住。最后,等到风筋疲力尽停下来时,太阳从云彩里钻了出来,对那位老者投去和气的微笑。不久,那位老者便用手将他前额的汗水拭去,并轻轻脱掉身上的大衣。

太阳对风亲切地说:"仁慈和友善总要比愤怒和暴力更为有力。"

请问:上述这段寓言给我们人际交往带来什么启示?

一、交往礼仪的基本要求

交往礼仪是指人们在社会交往活动过程中形成的应共同遵守的行为规范和准则。具体表现为礼节、礼貌、仪式、仪表等。遵守日常交往礼仪是人们进行社会交往,营造和谐人际关系的重要条件。交往礼仪的基本要求是平等尊重、诚实守信、团结友爱、互助互利。

下面介绍几种人际交往中常见场合的基本礼仪。

(一)介绍礼仪

介绍就是向外人说明情况,是人际交往活动中最常见,也是最重要的礼节之一。介绍的标准化顺序就是"位低者先行",就是地位低的人先做介绍。例如:主人先向客人做介绍;长辈和晚辈在一起,晚辈先做介绍;男士和女士在一起,男士先做介绍;职位低的人和职位高的人在一起,职位低的人先做介绍。

（二）握手礼仪

握手是人们在现代交际场合中最普遍、最常用的礼节,也是人们沟通思想、交流感情、增进友谊的简便而又重要的方式。

1. 握手的顺序　一般情况下,长辈和晚辈握手,长辈先伸手;上级和下级握手,上级先伸手;男士和女士握手,女士先伸手。

2. 握手的方式　伸出右手,四指并拢,拇指伸开,掌心向内。同时,上身略微前倾,注视着对方,面带微笑。握着对方的手掌,上下晃动两到三下,持续3~5秒,并且适当用力。

（三）电话礼仪

电话是现代通信工具之一,随着科技的发展和生活水平的提高,电话日益成为人们沟通的桥梁。

1. 打电话礼仪　选择好通话时间,以不打扰休息为宜。通话时间宜短不宜长,每次通话时间不宜超过3分钟,用语要规范;接通电话后,应主动问好,自报家门和证实一下对方的身份。打电话要坚持用"您好"开头,"请"字在"中","谢谢"收尾,态度温文尔雅。电话拨通以后,先问候一声再报出要找的人;通话时声音要清晰,语气要讲礼貌;还要注意谈话时间不可过长,以免影响他人通话。

2. 接电话礼仪

（1）迅速接听:电话铃响后,应马上接听,最好不要超过3声,6遍后就应道歉。

（2）自报家门:接到对方打来的电话,拿起听筒应首先自我介绍:"您好！我是某某"。

（3）注重礼节:接电话时一定要面带微笑,认真倾听,不随便打断对方讲话,要搞清楚对方来电的目的,并尽可能迅速地做出相应的回答。

（四）餐饮礼仪

现在的社会交往活动中,宴请是常见的交际活动,在整个社交礼仪中占有非常重要的地位。

1. 排列位次,遵循的原则　一是右高左低原则,两人一同并排就坐,通常以右为上座,以左为下座。这是因为中餐上菜时多以顺时针方向为上菜方向,居右坐的因此要比居左坐的优先受到照顾。二是中座为尊原则,三人一同就坐用餐,坐在中间的人在位次上高于两侧的人。三是面门为上原则,用餐的时候,按照礼仪惯例,面对正门者是上座,背对正门者是下座。

2. 就餐礼仪

（1）应从椅子的左边入座。

（2）入座后,坐姿应端正,双脚着地,女士要求双腿并拢,男士则可双腿微张。男士上身可以轻靠倚背,而女士最好保持笔挺的坐姿,不要把整张椅子都坐满。

（3）用刀叉切割食物时,动作要轻柔;喝汤时,不要发出响声;咀嚼时应闭嘴。

（4）用餐完毕,应等主人站起后,再随着离席,提前离席是不礼貌的。

（五）乘坐电梯礼仪

1. 乘坐厢式电梯礼仪

（1）尊长、女士、客人应先进先出;主方或陪同方可先进后出,并注意按住"开门"按钮,防止电梯门提前关上;与不相识者同乘电梯时,进入要讲先来后到,出来则是由外及里依次而出。

（2）先进入电梯的人应站在电梯门的两侧或后壁,将中间留给后上的人。

（3）在电梯内要保持自律,不要高声谈话,更不要吸烟。

（4）不可谈论他人隐私及商业机密。

2. 乘坐自动扶手电梯礼仪

（1）站在扶手电梯的右侧,左侧留做通道,以便有急事的乘客自由上下电梯。

（2）扶手电梯尽量单人乘坐,避免多人并行、拥挤。

（3）照顾好身边的小孩、老人和残疾人等,避免出现危险和意外。

（六）校园礼仪

1. 师生相遇,学生应主动向教师打招呼,说声"老师好"或"老师早",不可故意回避。

2. 师生交谈,学生应注意举止大方。不可搔头弄耳或表示不耐烦,应凝视聆听;假如老师站着,学生不可坐着交谈,应先请老师坐下。

3. 同学间要打招呼,不乱起绰号,更不可讥讽有缺陷、有残疾的同学,注意礼貌用语。

4. 同学交谈,不说污言秽语,态度应真诚、坦率,语调要平和,说话者态度要认真,不轻易打断别人的话;同学说错话或说得欠妥,应有礼貌地、恳切地、委婉地指出。

5. 有问题向同学询问时,应选择他人有空闲或方便的时间去问。不可打扰或影响同学的学习。询问之前,应征求对方同意;问完之后,应表示感谢。

6. 异性同学之间,应特别注意以礼相待,要相互平等,相互尊重,相互帮助。男生应彬彬有礼,女生应文雅大方。体力劳动方面,男同学应主动关心、帮助和照顾女同学。

7. 校园内严禁随意乱抛果壳纸屑等杂物,不得随地吐痰,严禁燃放烟花、爆竹,不吃零食,不一边吃东西一边和人交谈。

8. 不损坏课桌椅及其他教育教学设施,不踢门墙,不打门牌,不在桌、门、墙上乱写乱画,不摘取花果和践踏花园、草坪。

9. 学生进入教学楼应保持安静,注意卫生,不得在教学楼内进行体育活动或大声喧哗,追逐打闹。学生进入老师办公室,应先有礼貌地在门口喊"报告"。学生不可在办公室久留或者乱翻老师的东西,不可影响其他老师的工作。离开办公室,师生应礼貌地道别。

10. 学生严禁吸烟喝酒、看不健康的书籍;严禁去网吧、录像厅、游戏厅等有害身心健康的娱乐场所。

（七）其他礼仪

1. 升国旗仪式　参加升国旗仪式时,衣着整洁,脱帽肃立,行队礼或注目礼;唱国歌严肃、准确、声音宏亮。

2. 遇到外宾礼仪　遇到外宾以礼相待,不卑不亢,不围观,不尾随,不做有损国格、人格的事。

3. 向别人借东西的礼仪　礼貌语言不能少。不要忘了"请"、"麻烦"等词,归还东西时,不要忘了"谢谢"。借别人东西一定要按时归还,对别人东西要特别爱惜,做到完璧归赵。假如不小心搞坏了借来的东西,一定要主动照价赔偿,并说明情况,表示歉意。

4. 待客礼仪　当家中长辈不在家时,我们应该负起小主人的责任,把熟悉的客人迎进门,倒茶招待;对陌生的客人,可隔着门缝告知家长外出,请改日来访。假如父母一时回不来而客人有急事要走时,可以问客人有什么事需要转告,或请他们留下字条,如方便也可电话询问父母。

5. 送客礼仪 当客人要走时,通常要婉言相留,表示希望其再多坐一会儿,或恳请其下次再来。但不能大喊大叫,硬拉着不让走,那样反而显得粗暴无礼。客人提出告辞,应等客人起身后,主人再起身相送;送客时要送到门口并说:"再见,欢迎再来。"并不要急于关门。

6. 入座礼仪 入座时,动作要轻稳,不可猛地一下子坐下,发出响声。入座后,手可平放在沙发或沙发的扶手上,上身稍微向前倾,以示对主人的尊敬。

二、养成遵守交往礼仪的习惯

交往礼仪是一个人礼仪修养的外在表现,具有重要的亲和作用,遵守交往礼仪的基本要求,可以拉近与交往对象的距离,取得对方的理解,以利于沟通,营造和谐的人际关系。自觉践行交往礼仪规范,首先要养成遵守交往礼仪的习惯。作为中职学生来说,要着重做到以下几个方面。

1. 从小事做起,注重细节。在日常交往中,我们文明的言谈举止,会使他人乐于接近;粗俗的言谈举止会使他人疏而远之。一声亲切的称呼、一句得体的问候、一次善意的交谈等细节,看似微不足道,却会影响我们的交往活动。

2. 示人以尊重,待人以友好。在人际交往中,要真诚待人。与人为善,要善解人意,为他人着想,只有尊重他人,才能赢得他人的尊重。

3. 增强意志力,克服不良习惯。在实践中,要不断提高辨别是非的能力,逐步克服人际交往中的不良习惯,提高自身的文明礼仪、修养。

(查克勤)

目 标 测 试

一、单项选择题

1. 接触一个人。给人留下直接而敏感的第一印象的是( )
   A. 个人礼仪　　　　　　B. 交往礼仪
   C. 职业礼仪　　　　　　D. 公共礼仪

2. 打电话时一次通话时间一般不应超过( )
   A. 1 分钟　　　　　　　B. 2 分钟
   C. 3 分钟　　　　　　　D. 6 分钟

3. 社交场合握手时,应当由( )先伸手
   A. 男士　　　　　　　　B. 女士
   C. 无所谓　　　　　　　D. 尊者

4. 握手时应注意( )
   A. 神态、姿态　　　　　B. 手位、力度
   C. 时间　　　　　　　　D. 以上都是

5. 正确握手的时长一般为( )
   A. 3~4 秒　　　　　　　B. 5~6 秒
   C. 10 秒　　　　　　　　D. 20 秒

6. 下列行为中,注意到进餐文明的有( )
   A. 吃东西不出声　　　　B. 替人添菜
   C. 张口剔牙　　　　　　D. 下手取食

7. 作为学生,在校园里的着装应该是( )
   A. 校服　　　　　　　　B. 吊带裙
   C. 职业装　　　　　　　D. 西装

8. 在介绍两人相识时,总的规矩是( )
   A. 先卑后尊　　　　　　B. 先尊后卑
   C. 先女后男　　　　　　D. 先主后宾

9. 正式场合我们的仪表仪容应给人的感觉( )
   A. 随意、整齐、干净　　B. 漂亮、美观、时髦
   C. 端庄、大方、美观　　D. 时尚、高贵、阔气

10. 电话铃声响后,最多不超过( )就应该接听
   A. 一声　　　　　　　　B. 两声
   C. 三声　　　　　　　　D. 四声

二、思考题

一位青年问路,看到一老人,张口就说:"喂,老头,到王家庄还有多远?"老人随口说还有五千丈,那青年接着又问:"你们这儿路怎么是论丈而不是论里呢"?老人意味深长的说:"以前是讲'里'的,自从来了一位不讲礼的青年后,就不再讲'里'啦。"

请思考:根据这个小故事,谈谈自己对礼仪的看法。

第五章　展示自己的职业风采

　　医学生是未来的医务工作者,将来面对的是处于疾病痛苦之中的患者,良好的礼仪素养是其职业必备素质,是构建良好医患关系的关键因素之一。作为医药卫生类专业的中职学生,从现在开始,就要努力学习职业礼仪基本知识。在日常生活中从小事做起,努力践行职业礼仪,做懂礼仪、有教养的文明人,这样才能为我们日后求职成功打下良好的基础,也为我们工作的顺利进行提供有力的保障。

第一节　职业礼仪塑风采

案例 5-1

　　一次某医院招聘导医人员,由于待遇优厚,应者如云。护理专业毕业的小李同学前往面试,她的自身条件可能是最棒的:她五官端正,身材高挑,皮肤白净。在中专学习期间,多次获得学校的奖励,还主持过学校的大型文艺表演。面试时,小李穿着迷你裙,露出藕段似的大腿,上身是露脐装,涂着鲜红的唇膏,轻盈地走到一位考官面前,不请自坐,随后翘起了二郎腿,笑眯眯地等着问话,孰料,三位招聘者互相交换了一下眼色,主考官说:"李同学,面试结束了,请下去等通知吧。"她喜形于色:"好!"挎起小包飞跑出门。

　　请问:小李应聘会成功吗? 为什么?

一、职业礼仪的基本要求

　　在现实生活中,一个知礼懂礼的人是值得交往、能够赢得他人尊重、拥有个人发展空间的;相反,则很容易遭到职场的淘汰。提高个人修养、强化职业礼仪,是中职学生立足于社会并求得发展的重要条件。

　　职业礼仪,主要指人们在职业生活和商务活动中应遵循的礼节,是一般礼仪在职业和商务活动中的运用和体现,它包括求职面试礼仪、社会服务礼仪、职业场所礼仪、商务活动礼仪等。

　　职业礼仪的基本要求是:爱岗敬业、尽职尽责,诚实守信、优质服务,仪容端庄、语言文明。

　　(一)求职面试礼仪

　　1. 做好准备

　　(1)形象准备:女性发型不要怪异,以大方、干练为佳,过长的头发最好扎成马尾辫或盘起来,会显得比较精神。服装以套裙为宜。避免穿太紧、太透和太露的衣服。男性头发要干净整洁,不宜过长。一般穿正式的西装。

　　(2)物质材料准备:推荐表、个人简历、自荐信、身份证、各种证书的原件及复印件、照片等。所有准备好的文件都应平整地放在一个袋子中。

　　2. 面试过程中的礼仪

　　(1)准时到达:一般来说,求职者要提早 10~15 分钟到达面试地点,迟到或匆忙赶到都会对面试产生致命的影响。

（2）礼貌通报：进入面试房间前，不论房门是否关闭，均应轻敲三下门，等听见说"请进"后，便可面带微笑轻轻推门进入。

（3）文明优雅：进门后，应先作自我介绍，得到许可后再就座。就座时，应坐在椅子的前三分之二，坐姿要端正，女性不要张开双腿。回答问题时，语气要谦和，谈吐要文雅，声音要清晰。

（4）适时告辞：一般情况下，面试的所有提问回答完毕后，面试就算结束。如对方说"今天就谈到这里吧，请等候消息"，这时，求职者就可起身告辞，鞠躬行礼或与面试官握手后再离开。

（二）职场礼仪

1. 着装礼仪

（1）服饰整洁、得体、大方，色彩搭配合理。

（2）正式场合，男士宜穿礼服或深色的西装、皮鞋和袜子，女士宜穿套装，不穿短、透、露服装。

（3）穿西装时，衬衫袖子应略长于西装袖子，领带平直长度在腰带上缘。

（4）鞋子与衣服相搭配，保持鞋子洁净，正式场合不穿拖鞋，穿西装、裙装、礼服时不穿平跟鞋或布鞋。

（5）女士领巾、围巾、手包应与服装颜色和谐搭配。

知识链接	职场着装的禁忌

1. 过分杂乱　比如上穿西装下穿布鞋，在重要场合，穿套装、套裙时要穿制式皮鞋。
2. 过分鲜艳　即全身颜色不多于三种。
3. 过分暴露　在重要场合着装，不能露胸、露肩、露腰、露背等，不能穿无袖装上班。
4. 过分透视　上班不要穿透视装，让他人透过外衣看到内衣，这是不礼貌的。
5. 过分短小　超短裙、露脐装、小背心、短裤，正式场合都不要穿。
6. 过分紧身　在正式场合不能穿过分紧身的上衣、裤子和裙子。

2. 言谈礼仪

（1）和颜悦色，语言简洁，语调亲切，语速适中。

（2）认真聆听，切忌心不在焉，不要随意打断讲话者。

（3）与人交谈时目视对方，适时点头应答。

（4）多人交谈时说话时间长短适度，不要滔滔不绝。

（5）礼貌性的交谈应使用谦词和敬语。

3. 名片礼仪

（1）递送名片要用双手，名片正面朝向对方。

（2）接受名片要用双手，并表示感谢。

（3）交换名片时应先客后主，先职务低后职务高，先年轻后年长。

（4）不在名片上随意涂写。

4. 办公室礼仪

（1）办公桌要干净整洁、井井有条。女性不要在办公桌上放化妆品和镜子。

（2）在办公室，仪容服饰要大方得体，忌浓妆艳抹，香气逼人、衣着暴露或是衣着不整。

（3）在办公室不能旁若无人地聊天，或是"煲电话粥"。

（4）不能在办公室大吃大喝。

（5）爱惜公共财物。

（6）合理安排在办公室用餐的时间及空间,以不影响工作和他人为前提。

二、遵守职业礼仪的作用

讲究职业礼仪,有助于个人求职成功。求职者除了要具备良好的专业素养外,掌握一些职业礼仪也是非常必要的,有时这些礼仪会起到举足轻重的作用。恪守职业道德,遵守职业礼仪,是对每一位职业人的要求。职业礼仪的作用表现在:

（1）遵守职业礼仪,有助于个人求职成功,职业礼仪是自我推荐的工具,是职业人员进入社会从事活动的"通行证"。

（2）遵守职业礼仪,有助于帮助我们树立良好的个人职业形象和优雅的职业风范,有利于我们顺利地开展工作。

（3）遵守职业礼仪,有利于提高我们的职场交往能力,从而增强自己的职业竞争能力,成就我们的职业人生。

（4）遵守职业礼仪,有助于树立单位的良好形象,提高单位的市场竞争力。

总之,无礼则不利,事无礼则不成,国无礼则不宁。学习和掌握职业礼仪有助于提升自身素质,塑造良好的个人形象,处理各种人际关系,建立和发展的自己人际关系网络,为我们的事业搭建起成功的桥梁。

第二节　职业礼仪展风采

案例 5-2

一个女护士走进护士站上班。因为觉得自己很漂亮,所以摆出一副很骄傲、很自恋的样子。有病人来咨询,她装着没有听见。同事与她打招呼,她爱理不理地应了一声就直奔自己的办公桌,然后拿出手机,急不可耐地与朋友聊了起来。

请问:这个漂亮的女护士职业形象如何?

一、自觉遵守职业礼仪规范

职业礼仪需要通过后天的不断学习和训练才能达到。作为中职学生,今天,我们在学校学习;明天,我们将走向职业生活。要成为优秀的职业人,今天就要坚持不懈地努力,要从现在做起,调适与发展自己的职业个性,在学习与工作中严格遵守行为规范,自觉按照岗位规范要求自己,规范自己的言行,指导自己的各种实践活动。

1. 处理好个人与社会的关系 学习职业礼仪,必须打破"自我中心"意识,增强社会和集体意识。作为职场中的一员,我们不能让个人好恶、个人习惯、个人意志来左右自己的行为,而是要服从社会交往需要这个大局,以职业礼仪树立形象,为社会做出更大的贡献。

2. 处理好工作内外的关系 作为工作单位的一员,在工作交往中,通过礼仪的方式,对内尊重同事和领导,合作友爱;对外加强联络,礼貌待人,讲究诚信。这样可以树立良好的组织形象,增强与公众的感情,营造事业发展的良好外部环境。

二、做讲文明、有礼仪的人

我国是一个有着五千年文明的国家,素以"文明古国"、"礼仪之邦"著称于世。讲文明、懂礼仪是中华民族的传统美德。

"少成若天性,习惯成自然。"文明礼仪要注重从小培养,形成良好行为习惯。作为中职学生,要从现在开始,努力学习文明礼仪规范,自觉践行文明礼仪规范,在日常生活中从小事做起,做懂礼仪、有教养的中职学生。

1. 做文明礼仪规范的学习者　我们要认真学习文明礼仪规范,积极参加文明礼仪实践活动,不断丰富知识,拓展视野,陶冶情操,净化心灵,养成主动遵守文明礼仪的好习惯。

2. 做文明礼仪规范的传播者　我们要弘扬传统美德,积极传播礼仪知识,不断增强文明礼仪意识,倡导健康文明的礼仪,让文明礼仪进班级、进宿舍、进家庭、进社区,努力营造文明礼仪氛围。

3. 做文明礼仪活动的实践者　我们要积极倡导社会公德、职业道德、家庭美德,从文明学习、文明生活、文明集会、文明着装做起,从不随地吐痰、不乱扔垃圾、不乱贴乱画等文明行为做起,从现在做起,从身边的小事做起,做文明礼仪规范的实践者。

第三节　医务人员职业礼仪

案例5-3

小王,28岁。是一名急诊科的护士,有一天来了一位胃穿孔急诊病人,急需手术治疗。因此,小王便对家属说:"快快快,赶快去交钱,不交钱没法手术"。小赵,20岁。刚刚从卫校毕业在妇产科工作。患者,女,60岁,宫颈癌末期,处于临终状态,因此患者经常无缘无故的发怒并且迁怒于小张,小张受不了委屈,每次不是哭泣就是与患者发生争吵。

请问:上述两名护士有什么不妥?

一、医务人员职业礼仪的含义及作用

(一) 医务人员职业礼仪的含义

医务人员职业礼仪是指医务人员在职业活动中应遵循的行为准则。医务人员的基本礼仪可从医务人员的个体形象、容貌、服饰、言谈、举止、姿势、礼节等各方面展现出来,并融于职业行为中。

(二) 医务人员职业礼仪的作用

在当前医疗市场竞争日趋激烈的形势下,医务人员的职业礼仪对于提高医务人员自身素质和推动医院的改革与发展具有十分重要的意义。①医务人员良好的职业礼仪有助于提高医务人员的整体素质,提升医务人员形象。②医务人员良好的职业礼仪有助于协调人际关系,如医患关系、医护关系、护患关系等,塑造良好的职业形象。③医务人员良好的职业礼仪有助于提高医院服务质量,改善医院经营管理,提高医院的经济效益和社会效益。

知识链接	护士礼仪五大基本原则

行为仪表端庄大方　语言态度和蔼可亲　操作技术娴熟准确　护理服务主动周到　工作作风认真严谨

二、医务人员应遵守的职业礼仪

（一）着装

医务人员的着装要求整洁、文雅、得体,让人觉得敬重和信任。

1. 头发　让人感觉整洁清爽,不油腻。女士不披发,超过肩膀的长发在工作时应盘发或束在脑后,头发颜色不宜过于鲜亮;男士不染彩色头发,不蓄长发。

2. 服装　清洁、平整、衣扣要扣齐(不可粘胶布、别大头针)衣领、腰带、袖口、衣边平伏整齐。穿着适体,无油渍、尘污。原则上内衣不外露,裤脚低于鞋跟(以不拖地为宜),裙子长度不超过工作服下摆5公分。男士夏天工作服内必须有衬衫或背心,上装不能只穿工作服,下装不能穿运动短裤。

3. 工作时间必须佩戴带秒针的手表,不佩戴手镯、戒指、手链等饰品。不涂鲜亮的指甲油,常剪指甲,保持手和指甲的清洁。

4. 保持鞋面的清洁,进入病区必须更换软底鞋。

5. 出席重要活动或学术会议,要求着正装,男士以西装打领带为宜。

（二）工作标志

工作人员穿岗位服装,要佩戴胸卡,注明姓名、职务、职称及所在科室,胸卡戴在左上胸,不能翻戴或插在衣兜里。

（三）仪容

基本要求是美观、整洁、大方、得体。

1. 头发　勤洗、勤理,干净整洁无异味,需要戴帽的职工,梳理整齐不蓬乱。

2. 眼部　及时清除眼睛的分泌物,戴眼镜的职工应随时对眼镜进行揩拭和清洗,保持眼部清洁。

3. 耳部　经常清洗,注意清除耳垢,避免当众掏耳。可佩戴耳钉,但不可戴耳环。

4. 鼻部　注童保持鼻腔清洁,不要在公众场合擤鼻涕、挖鼻孔。

5. 口腔　保持牙齿洁白,口腔无味。上班之前忌食气味刺鼻的东西,如烟、酒、葱、蒜、韭菜、腐乳等。

6. 手臂　勤洗手,保持手的清洁卫生,不涂指甲油。肩部不应暴露在衣服之外,不得穿吊带裙。

7. 腿部　不将腿部直接暴露,应配肉色或浅色的长裤袜;着裙装时,裙子切忌露于工作服之外,着长裤时,要穿着工作裤。

8. 脚部　保持脚部的卫生,鞋袜要勤洗勤换,不要当众脱鞋;上班时不能光着脚穿鞋子,护士上班时应穿规定的工作鞋,医生不能穿带钉皮鞋或超过4公分的高跟鞋、拖鞋、响底鞋上岗。

9. 化妆　美观、自然、得体、协调。勿当众化妆、勿在异性或患者面前化妆、勿化浓妆、勿使妆面出现残缺、勿借用他人化妆品、勿评论他人的化妆。

10. 手姿　站立时双手垂放;持物时不应翘起无名指与小指;手指方向时,食指、中指、无名指、小指四指并拢,手心向上。禁忌的手姿有:不卫生的手姿——搔头皮、掏耳朵、剔牙等;不稳重的手姿——双手乱动、乱摸、乱举、乱放,或是咬指尖、折衣角等;失敬于人的手姿——用手指指人等。

（四）举止行为

医务人员举止要稳重、端庄、得体。

1. 站立时身体端正、双臂及手自然下垂或交叉体前。男性双脚与肩并宽,女性双脚略成"V"字型,双足跟并拢。切不可双手插兜、倚墙、靠桌、靠病人床等,不可背手、抱肩、叉腰、弯腰。

2. 坐的姿态要端正,双手自然平放在膝盖或双手自然平放在桌面上,面向对方。入座离座的动作要从容和缓,要顺手整理衣裙。坐时不可坐在扶手上,不可将腿脚放在桌椅上、半躺半坐、摇腿跷脚、双腿叉开,给人以放肆无修养之感。

3. 走路时要做到脚步轻稳,不要摇晃身体,双臂自然前后摆动。多人行走时要两两并行,切忌勾肩搭背、边走边吃、嬉笑喧哗。无论在路上还是在走廊里一律靠右侧行走,非抢救时间不要跑步。

4. 乘座电梯时,上梯要主动让他人先上,下梯要主动让他人先下;上下楼梯时,上梯时要让他人先行,下梯时要自己先行。

5. 取放物品及开关门窗动作要轻,下蹲拾取低处物品时,腿要前后错开,上体保持正直,将物品拾起。

6. 手持病历、书本时,手要在病历或书本中央,上肢肘部弯曲至胸前一侧。

7. 护士推治疗车、医护人员推平车、后勤人员推物品车时,要双手平行扶车,切忌一手拉车。

8. 工作中使用手势要简洁、明确。在指引方向、介绍情况、请让时,手臂要伸直,手指自然并拢,手掌朝上,指向目标,同时身体要微微前倾。

9. 不要在他人面前有不文明的举动,如掏鼻孔、挖耳朵眼、挠搔头皮、抓痒、打哈欠、伸懒腰等,不要用手指点或拍打他人。咳嗽、打哈欠时要用手遮挡。不能打响指、吹口哨。

知识链接　　　　　　**微笑何来——4S 服务理念**

Smile(微笑):真诚微笑,热爱自己的职业,像关心自己的家人一样关心每一位患者,把爱种在心里,微笑就真切地写在了脸上。

Sincerely(真诚):这是职业形象所必须具备的一种基本素质。亲切是一种氛围,它是医护人员营造的,是医护人员身上一种真诚待人的态度。

Speed(及时):及时就是把服务做在患者开口之前,是一种主动的状态,也是一种明察秋毫的能力。这种善解人意的态度,带给患者的绝不仅仅是一项单纯的服务,而是视客人如家人的关怀。

Smart(聪慧):广博的知识、灵活的思维、机智的反应是一个医护人员应具备的素质,而这种智慧的感染也是更为深刻的。

（查克勤）

目 标 测 试

一、单项选择题

1. 交换名片时应注意哪项礼仪（　　）
   - A. 接过他人的名片后从头到尾认真看一遍，切忌将对方的姓名职务读出声
   - B. 若对方是外宾，递送名片时应将印有英文的一面对着对方
   - C. 接受他人名片时应恭敬，起身站立，面带微笑，目视名片
   - D. 向多人递送名片时，一定要按由尊而卑的顺序依次递送

2. 以下关于办公室人员的礼仪哪项是错误的（　　）
   - A. 忌谈论个人薪水
   - B. 忌在办公场所乱贴乱画
   - C. 不互相诉苦埋怨
   - D. 到办公室后应及时化妆打扮

3. 关于坐姿的基本要求哪项是错误的（　　）
   - A. 着裙装的女士入座时用双手将裙摆收拢
   - B. 女士不能采用"二郎腿"式坐姿
   - C. 在采用前伸式坐法时，脚尖不能翘起
   - D. 男士采用重叠式坐姿时左右腿可以变换位置互叠

4. 正式场合男士穿着西装时，如果西装是深颜色的，则袜子的颜色应该是（　　）
   - A. 白色的
   - B. 深色的
   - C. 浅色的
   - D. 黄色的

5. 以下（　　）行为符合职业礼仪要求
   - A. 在探望病人时喷浓烈香味的香水
   - B. 与人交谈正浓时，眼神东张西望或看表
   - C. 在正式场合，手插在口袋里，或双臂相抱
   - D. 在洽谈、谈判场合时，目光给人一种严肃、认真的感觉

6. 站立时，手的摆放位置很重要，以下做法错误的是（　　）
   - A. 双手垂握于下腹部
   - B. 双手相握于中腹部
   - C. 一臂垂于体侧，一手置于腹侧
   - D. 双臂交握叉于胸前

7. 进行良好情感沟通的前提是（　　），医患双方在平等的基础上互相交流
   - A. 尊重
   - B. 宽容

C. 鼓励
D. 理解

8. （　　）是从业人员最基本的职业素养，也是医务人员提高自身综合素质和加强职业行为规范
   - A. 着装整齐
   - B. 语言文明
   - C. 职业礼仪
   - D. 爱岗敬业

9. 怎样做才符合使用移动通讯工具的礼仪（　　）
   - A. 在要求"保持安静"的手术室外可以小声接听电话
   - B. 在医院就诊室里等候医生接诊时可以使用移动通讯工具
   - C. 餐厅就餐时尽量不要主动打电话与人谈笑闲聊
   - D. 交通不拥挤的情况下驾驶汽车时可以接听电话

10. 无论应聘何种职业，面试着装的要求最好为（　　）
    - A. 新潮前卫
    - B. 青春可人
    - C. 朴素典雅
    - D. 活泼大方

二、思考题

美国有个人叫福特。他大学毕业后去一家汽车公司应聘。和他一同来应聘的其他三个人都比他学历高。当得知了其他几个人的条件之后，他觉得自己已经没有什么希望了，只是出于礼貌，没有马上离去。最后轮到他面试，他鼓起勇气走进了董事长的办公室，发现门口地上有一张纸，就弯腰捡了起来，看到原来是一张废纸，他就习惯性地把它扔进了废纸篓里，然后才走到董事长的办公桌前，礼貌地问好并自我介绍。董事长说："很好，很好，福特先生，你已经被我们录用了。"福特很惊讶："我觉得前几位的条件都比我好，为什么你会录用我？"董事长说："前面的几位的确学历比你高，且仪表堂堂，但是他们的眼睛只能看见大事，而看不见小事。你的眼睛能看见小事。我认为能看见小事的人，将来自然能看到大事，一个只能看到大事的人，他会忽略很多小事，是不会成功的。所以，我才录用了你。"能看到小事的福特后来果然能看到大事，并取得了非凡的成绩。

请思考：

一个人的风采和形象仅仅是从外貌上反映出来的吗？良好的道德素质和个人风采通常是怎样展现出来的？

第六章　道德是人生发展、社会和谐的重要条件

道德,一个历久弥新的千古话题,在社会主义市场经济的今天依然发挥着不可替代的作用。良好的道德是社会和谐、人生发展的重要条件。加强个人修养、树立家庭美德、恪守社会公德、遵守职业道德是对现代公民的基本要求,也是中职学生应该履行的基本职责。我们中职学生要从身边的小事做起,从现在做起,主动学习道德知识,逐步树立道德信念,自觉实践道德行为,在不断的学习和工作中提升自己的道德境界,成为具有良好道德素质的时代新人。

第一节　良好道德推进社会和谐进步

案例6-1

某卫校护理专业学生小赵在上学的途中,发现一位老奶奶躺在路边,小赵急忙走上前去,发现地上有一摊血,老奶奶还有微弱的呼吸,小赵迅速把老奶奶送到附近的医院进行抢救,由于抢救及时,老奶奶苏醒过来了。但老奶奶的儿子一口咬定小赵骑车时撞倒了老奶奶,并要求小赵承担全部的医药费。经过相关部门的调查取证后证实了小赵不但没有撞到老奶奶而且主动及时把老奶奶送到医院抢救,因此,小赵受到了人们的高度赞扬,还被评为市级美德少年。

请问:小赵及时抢救躺在路边的老奶奶,说明她具有什么样的道德品质? 如果你遇到这样的情况,你会怎么做?

一、道德的含义、特征和内容

(一) 道德的含义

道德是指人们在社会生活实践中形成的,通过社会舆论、传统习俗和内心信念来维系,以善恶为评价标准,调节人与人、人与社会以及人与自然之间相互关系的行为规范的总和。

知识链接　　　　　　　　　道德的起源

道德起源于人类社会自身的社会实践,萌发于人类早期劳动和简单交往,形成于社会分工的出现与发展,是在人类脱离了动物界而形成人类社会以后,为了维系共同的社会生活和完善人格所产生的一种社会现象,道德是人们趋利避害的产物。

我们可以从以下几个方面来理解道德的科学内涵。

1. 道德的本质　道德属于上层建筑,由经济基础决定。道德受社会关系尤其是经济关系的制约,社会经济结构的性质直接决定各种道德体系的性质,经济关系的变化必然引起道德的变化。

2. 道德的评价标准　道德以善恶为评价标准。善(道德行为),有利于他人和社会的行为;恶(不道德行为),危害他人和破坏社会的行为。

3. 道德的评价方式　道德以高尚或卑劣为界,依靠社会舆论、内心信念、传统习俗等非强制力施以影响。一般而言,道德调节是在人们内心接受(至少说是部分接受)的情况下才能发挥作用。

4. 道德与伦理的关系　有时人们把道德和伦理作为同义词使用,实际上,它们有区别的。道德多指道德现象、个体依据社会所能接受的标准而实施的行为,由家庭、学校或宗教等方面的教导或学习而得来的。伦理是指人与人之间相互关系的道理和原则,侧重于道德现象的系统理论,归属于道德哲学之下,侧重于以哲学的理由来说明社会标准。

5. 道德与法律的关系　道德与法律都产生于一定的社会经济基础,本质上都属于上层建筑,都是调整人与人、人与社会、人与自然之间关系的重要行为规范,它们的内容互相转化,作用互相补充,共同成为维系社会秩序的重要手段,道德是法律的前提和基础。它们之间的区别主要表现在以下几个方面。

（1）产生的方式不同:道德是人们在社会生活实践中形成的;而法律是由具有立法权的国家机关按照法定程序制定或认可的。

（2）评价标准不同:道德是以善恶为评价标准,以高尚或卑劣作为评价界限;法律是以法律条文为评价标准,以罪或非罪作为评价界限。

（3）内在属性不同:道德是一般社会意识,存在于人们的思想观念、内心信念和社会舆论之中;而法律是经过一定的程序,由国家制定或认可的规范性文件。

（4）调节范围不同:道德通过影响人们的内心,调节人们的内部行为和外部行为,几乎涉及到人们社会生活的方方面面;而法律只对人们的外部行为进行调节,只涉及到社会生活的一部分。

（5）作用机制不同:道德依靠社会舆论、内心信念及传统习俗等非强制力量来提高人们的思想觉悟,通过人们的自觉性来发挥作用,体现的是一种自律;而法律依靠国家权威和强制手段规范人们的行为,以警察、法庭、监狱等机构来保证实施,体现的是一种他律。

（6）目的和方式不同:道德意在改善人们的品质和性格,塑造完美的人格,一般只强调义务并不规定相应的权利;而法律通过规定人们的权利和义务来调节人们的行为,达到国泰民安的目的,其规定的权利和义务具有内在的统一性。

（二）道德的特征

一般说来,道德具有以下基本特征。

1. 阶级性　道德由一定社会的经济基础所决定而且为一定的经济基础服务,因此道德具有明显的阶级性。

2. 稳定性　道德虽然也随着社会经济的变化而变化,但变化速度较为缓慢,使之具有一定的稳定性。

3. 规范性　道德以善恶、美丑、荣辱、是非等标准评价和指引人们方方面面的行动,对人们的行为具有一定的规范和约束作用,因此道德具有规范性的特点。

4. 层次性　不同历史发展阶段道德体系的构建,除了形成一个基本的道德原则外,还必须在这一原则的支配和指导下,形成不同层次的、众多的具体道德规范来调节人们在各个领域的行为,这就形成了道德的多层次特征。

5. 社会性　道德遍及社会生活的各个领域,渗透到各种社会关系之中,与人类社会共存亡,具有广泛的社会性。

（三）道德的内容

道德的内容具有相对的稳定性,也会随着时代的不同会有所变化,主要内容包括社会公德、家庭道德、职业道德等。从道德发展的历史来看,社会公德产生在先,家庭道德、职业道德产生在后。在远古生产力极其低下的情况下,人们一起劳动,平均分配食物,产生了最初的社会公德;随着生产力的提高,出现了私有制,其主要标志是家庭的产生,继而出现了家庭道德;随着生产力的进一步发展,社会分工、职业的出现,产生了职业道德。我国社会主义道德的核心、根本宗旨和要求是为人民服务,集体主义是贯穿始终的基本原则,基本要求是"爱祖国、爱人民、爱劳动、爱科学、爱社会主义"。

二、我国公民基本道德规范

2001年中共中央印发的《公民道德建设实施纲要》把公民基本道德规范集中概况为"爱国守法、明礼诚信、团结友善、勤俭自强、敬业奉献"。我国公民基本道德规范既是对中国优良传统道德和革命道德的继承和弘扬,又体现了新时代公民道德建设的新要求。

爱国守法,强调公民应该热爱祖国,自觉地学法、守法、用法和护法。明礼诚信,强调公民应该文明礼貌、诚实守信、诚恳待人。团结友善,强调公民之间应该和睦相处、互相帮助、与人为善。勤俭自强,强调公民应该勤俭节约、努力工作、积极进取。敬业奉献,强调公民应该忠于职守、服务群众、奉献社会。

我国公民基本道德规范集中概括了社会道德生活的所有领域,适用于不同的社会群体,各单位各部门都要大力提倡,每个公民都要自觉遵守,作为自己为人处事的基本行为准则,共同营造良好的社会风气。

知识链接	社会主义道德建设的基本任务

党的十八大报告明确指出:全面提高公民道德素质,这是社会主义道德建设的基本任务。要坚持依法治国和以德治国相结合,加强社会公德、职业道德、家庭美德、个人品德教育,弘扬中华传统美德,弘扬时代新风。推进公民道德建设工程,弘扬真善美、贬斥假恶丑,引导人们自觉履行法定义务、社会责任、家庭责任,营造劳动光荣、创造伟大的社会氛围,培育知荣辱、讲正气、作奉献、促和谐的良好风尚。

三、和谐社会里的社会公德

社会公德简称"公德",是指全体公民在社会交往和公共生活中应该遵循的行为准则,涵盖了人与人、人与社会、人与自然之间的关系。在我国现代社会中,社会公德的主要内容是:文明礼貌、助人为乐、爱护公物、保护环境、遵纪守法。

文明礼貌是社会文明程度的标志,既表现了对他人的尊重,又体现了个人的修养。助人为乐是中华民族的传统美德,当别人身处困境时,给予热情而真诚的关心和帮助,这是社会进步和公德意识的体现。爱护公共财物是社会公德极其重要的内容,尤其是在公共场所,要保护国家和集体的公共财产不受侵犯。保护环境是人与自然和谐共处的保证,要求每个公民都应该讲究卫生,节约资源,保护环境。遵纪守法,要求每个公民自觉遵守法律法规,这是公民社会公德的基本要求。

社会公德是公民生活最基本的行为规范,是社会生活最起码的道德要求。随着人们公共生活领域不断扩大,人们相互交往日益频繁,社会公德在维护公众利益、公共秩序,保持社会稳定、促进社会和谐等方面的作用更加突出,成为公民个人道德修养和社会文明程度的重要表现。

加强公民道德建设,尤其是青少年道德建设,显得尤为重要。作为中职学生,我们要自觉遵守社会公德,尊重和关心他人,严格要求自己,从身边的小事做起,从现在做起,并长期坚持下去,努力把自己培养成为具有良好公德意识的公民。

党的十八大提出,倡导富强、民主、文明、和谐,倡导自由、平等、公正、法治,倡导爱国、敬业、诚信、友善,积极培育和践行社会主义核心价值观。富强、民主、文明、和谐是国家层面的价值目标,在社会主义核心价值观中居于最高层次,对其他层次的价值理念具有统领作用;自由、平等、公正、法治是对美好社会的生动表述,是社会层面的价值取向,反映了中国特色社会主义的基本属性,是我们党矢志不渝、长期实践的核心价值理念;爱国、敬业、诚信、友善是公民基本道德规范,是从公民个人行为层面对社会主义核心价值观基本理念的凝练,它覆盖社会道德生活的各个领域,是公民必须恪守的基本道德准则,也是评价公民道德行为选择的基本价值标准。

四、虚拟世界的网络道德

网络道德是指以善恶为标准,通过社会舆论、内心信念和传统习惯来评价人们的上网行为,调节网络时空中人与人以及个人与社会之间关系的行为规范。网络道德是道德的重要内容之一,是社会公共道德原则和规范在网络领域的延伸及具体运用。网络道德主要特点有自主性、开放性、多元性。网络道德是时代的产物,与信息网络相适应,人类面临新的道德要求和选择,于是网络道德应运而生,在网络高度发达的今天,我们应坚持网络道德的基本原则有:诚信、安全、公开、公平、公正、互助。

2001年共青团中央、教育部等部门向社会正式发布的《全国青少年网络文明公约》明确规定:要善于网上学习,不浏览不良信息;要诚实友好交流,不辱骂欺诈他人;要增强自护意识,不随意约会网友;要维护网络安全,不破坏网络秩序;要有益身心健康,不沉溺虚拟时空;要树立良好榜样,不违反行为准则。

2010年1月,教育部印发的《教育部关于加强中小学网络道德教育抵制网络不良信息的通知》明确指出:组织学生通过开展绿色上网承诺等活动,自觉践行《全国青少年网络文明公约》,树立网络责任意识和道德意识。引导学生正确对待网络虚拟世界,合理使用互联网和手机,提高对黄色网站、暴力和淫秽色情信息、不良网络游戏等危害性的认识,增强对不良信息的辨别能力,主动拒绝不良信息。教育学生不浏览、不制作、不传播不良信息,不进入营业性网吧,不登陆不健康网站,不玩不良网络游戏,防止网络沉迷和受到不良影响,努力在校园内和学生中形成自觉抵制网络不良信息的风气。

五、高尚道德推进社会和谐

1. 有利于先进生产力的发展　道德属于上层建筑,总是在一定经济基础上产生并为其服务的,对经济基础具有反作用,能够影响经济基础的形成、巩固和发展,促进生产力的发展,高尚的道德有利于先进生产力的发展。

2. 有利于促进社会文化的发展和繁荣　道德属于一种社会意识形态,能够影响其他意识形态的存在和发展,高尚道德有利于促进社会文化的发展和繁荣。

3. 维护社会稳定、推进社会和谐　道德具有调节作用,高尚的道德能够调整人际关系,维护社会稳定、推进社会和谐。道德通过教育、示范、激励及社会舆论等形式,为人们提供"应该"和"不应该"的模式和标准,规范人际交往的行为;道德还可以在全社会形成共同的思想观念和行为准则,促使社会成员共同维护社会的和谐稳定。

第二节　良好道德促进家庭幸福和人生发展

案例 6-2

　　护士小李年轻漂亮,与外科医生小张恋爱并结为夫妻,婚后日子甜甜蜜蜜。可是好景不长,小张的父亲不幸受伤瘫痪,母亲早年去世,父亲用家里的所有积蓄供小张读完大学,瘫痪后只好跟着独子小张住在一起,小张平时工作很忙,照顾瘫痪公公的责任自然就落到了小李身上,时间长了,小李意见很大,就跟小张提出,要么离婚,要么把他父亲送走,反正她再也不愿照顾瘫痪的公公了。

　　请问:小李的做法对吗? 为什么?

一、幸福生活中的家庭美德

　　家庭美德是指每个公民在家庭生活中应该遵循的行为准则,涵盖了夫妻、长幼、邻里之间的关系。家庭是社会的细胞,是我们成长的摇篮。人们的幸福生活和我国社会主义和谐社会的构建离不开家庭美德。今天,我们倡导的家庭美德主要内容有:尊老爱幼、男女平等、夫妻和睦、勤俭持家、邻里团结。

　　尊老爱幼,既是中华民族的传统美德,也是社会主义家庭美德的首要规范。男女平等是家庭民主、夫妻和睦的前提,也是道德进步和社会进步的体现。夫妻和睦要求夫妻之间要相互理解、相互尊重、相互忠诚、相互帮扶。勤劳与节俭,是持家最基本的行为要求,也是应有的道德品质。邻里团结与否影响家庭生活的质量,影响社区的和谐与安宁,也影响我国社会主义社会和谐社会的构建。

　　我们中职学生要体谅父母持家的艰辛、要孝敬父母、关爱家庭,学会与人和睦相处的能力,正确处理家庭关系和邻里关系,促进家庭和睦与社会和谐。

人物故事

带着母亲上大学

　　包天阳,四川省射洪县人,9岁时,母亲由于不慎跌倒,导致尾脊骨断裂,他一边照顾瘫痪在床的母亲,一边上学,同时还兼顾家里的农活,经过不懈的努力,2009年他终于被西华师范大学录取,他带着母亲一起踏上了求学之路,他在大学附近给母亲租了一间民房,白天上学,晚上照顾着母亲,周末和节假日参加各种兼职,挣取母亲的医药费和生活费。虽然生活的担子很重,但是他没有放弃学习,各科成绩都很优秀,曾荣获西华师范大学"优秀团干部"荣誉称号。2011年4月,他荣获2010年度中国大学生自强之星称号,并获得新东方教育科技集团提供的"中国大学生新东方自强奖学金"5000元。2013年7月,他终于大学毕业了,很荣幸地被遂宁市射洪县一所职业学校特招为教师。

二、成长路上的个人品德

　　社会公德、家庭美德、职业道德、网络道德的实现最终要归结到公民个人品德。个人品德建设是道德建设的基础,加强公民个人品德建设有助于提升网络道德、家庭美德、职业道德和社会公德。加强公民个人品德修养,形成良好的道德品质,有助于保持身心健康、塑造完美人格,有助于整个社会道德水平提高、促进社会的进步。

我们中职学生要主动学习道德知识,明辨是非、善恶和荣辱,树立积极的人生态度;还要自觉实践道德行为,坚持自律和自省,切实加强道德修养,不断提高道德水平,塑造完美人格,才能成为德才兼备的现代公民,担当起时代赋予我们的责任和使命。

三、良好道德促进人生发展

1. 良好的道德有助于提高人的精神境界 良好的道德有助于提高人的精神境界,促进人的自我完善、推动人的全面发展。人的全面发展需要具备多种良好的品质,其中思想道德素质最为重要的组成部分。

2. 良好的道德是人生幸福和事业成功的重要支柱 人们在良好道德的指引下,确立正确的人生目标,充分调动起学习和工作的积极性,选择恰当的行为方式,始终保持昂扬的斗志去克服困难,争取成功。

3. 良好的道德有助于建立和谐的人际关系 个人的成长和事业的发展都离不开人们的支持,良好的道德素质有助于建立和谐的人际关系,赢得人们的支持和帮助,创造自身和事业发展的有利外部环境,从而走向成功。

（胥洪培）

目 标 测 试

一、单项选择题

1. 中共中央印发《公民道德建设实施纲要》的时间是（　　）
   A. 1999 年　　　　　　B. 2000 年
   C. 2001 年　　　　　　D. 2002 年

2. 教育部印发《教育部关于加强中小学网络道德教育抵制网络不良信息的通知》的时间是（　　）
   A. 2009 年　　　　　　B. 2010 年
   C. 2011 年　　　　　　D. 2012 年

3. 道德起源于（　　）
   A. 某些神秘的"神"或"天"
   B. 人与生俱来的纯粹理性和自发的产物
   C. 人的自然本性
   D. 人类自身的社会实践

4. 道德的调节手段不包括（　　）
   A. 社会舆论　　　　　　B. 传统习俗
   C. 内心信念　　　　　　D. 国家暴力机关

5. 道德的调节范围不包括（　　）
   A. 人与人　　　　　　B. 人与自然
   C. 人与社会　　　　　　D. 动物与植物

6. 道德的特征不包括（　　）
   A. 阶级性　　　　　　B. 稳定性
   C. 规范性　　　　　　D. 多层次性

E. 强制性

7. 我国社会主义道德基本要求不包括（　　）
   A. 爱祖国　　　　　　B. 爱人们
   C. 爱劳动　　　　　　D. 爱科学
   E. 爱社会主义

8. 我国公民基本道德规范不包括（　　）
   A. 爱岗敬业　　　　　　B. 明礼诚信
   C. 团结友善　　　　　　D. 勤俭自强
   E. 敬业奉献

9. 在我国现代社会中,社会公德的主要内容不包括（　　）
   A. 文明礼貌　　　　　　B. 助人为乐
   C. 爱护公物　　　　　　D. 保护环境
   E. 敬业奉献

10. 我们应坚持网络道德的基本原则不包括（　　）
    A. 虚伪　　　　　　B. 安全
    C. 公开　　　　　　D. 公正
    E. 互助

11. 今天,我们倡导的家庭美德规范不包括（　　）
    A. 尊老爱幼　　　　　　B. 男尊女卑
    C. 夫妻和睦　　　　　　D. 勤俭持家
    E. 邻里团结

12. 有的人乱扔垃圾、随地吐痰,说明他没有遵守

( )
　　A. 社会公德　　　　B. 家庭美德
　　C. 网络道德　　　　D. 职业道德

13. 有的人不孝敬父母,说明他没有遵守( )
　　A. 社会公德　　　　B. 家庭美德
　　C. 网络道德　　　　D. 职业道德

14. 有的人随意在网上跟帖发帖,说明他没有遵守
　　( )
　　A. 社会公德　　　　B. 家庭美德
　　C. 网络道德　　　　D. 职业道德

15. 有的人在公共场所大声接打电话,说明他没有
　　遵守( )
　　A. 社会公德　　　　B. 家庭美德

　　C. 网络道德　　　　D. 职业道德

二、思考题

　　某中职学校学生小祝,男,16岁,开学不久他喜欢上同班女生小文并大胆地追求小文,多次找机会接近小文并向小文表白,可是小文认为中职学生年龄偏小,应该以学习为主,所以就婉言拒绝了小祝。后来小祝以自杀的方式来引起小文的注意,小文还是不为之所动。小祝追求不到小文,恼羞成怒,便开始在网上辱骂、攻击小文,并把小文的头像PS到一些裸体女性图片上四处传播,让小文出丑难堪。

请思考:

1. 小祝的做法对不对? 为什么?

2. 小祝的行为违反了道德的哪方面内容?

第七章　职业道德是职业成功的必要保证

职业道德是社会道德在职业活动中的具体化,可以调节从业人员内部以及从业人员与服务对象间的关系,有助于维护企业和行业的信誉,提高全社会的道德水平。遵守职业道德对性命攸关的医药卫生类职业来说更为重要,我们中职学生要严格要求自己,不断提高自身的职业道德意识,自觉实践职业道德规范,才能在今后的工作中恪守职业道德,为祖国的医药卫生事业做出自己最大的贡献。

第一节　遵守职业道德是从业之本

案例7-1

护士小蒋,19岁,毕业于某卫校,在一家肿瘤专科医院上班,每天和癌症患者打交道,有的癌症患者呕吐现象严重、脾气暴躁、喜怒无常,这让小蒋很不高兴。有一天,一位衣着朴素的癌症患者在呕吐时不小心把小蒋衣服弄脏了,小蒋不顾患者及其家属的道歉,把这位癌症病人羞辱了一顿,并拒绝为这位患者服务。

请问:小蒋的做法对吗? 为什么?

一、职业道德的含义和特征

（一）职业道德的含义

职业道德就是指从事一定职业的人在职业活动中应当遵循的道德要求和行为准则,涵盖了从业人员与服务对象、企业与职工、企业与企业之间的关系。职业道德是社会道德在职业活动中的具体化,是从业人员在职业活动中的行为标准和要求,是本行业对社会所承担的道德责任和义务,是人们在从事职业的过程中形成的一种内在的、非强制的约束机制。我国社会主义职业道德是社会主义道德体系的重要组成部分,社会主义职业道德的核心是为人民服务,原则是集体主义。

（二）职业道德的特征

职业道德是道德的重要组成部分,具有以下基本特征。

1. 行业性　职业道德与人们的职业紧密相关,一定的职业道德规则只适用于特定的职业活动领域。

2. 实用性　职业道德是根据职业活动的具体要求,对人们在职业活动中的行为以条例、章程等形式做出规定,具有很强的针对性和可操作性。

3. 多样性　职业道德的形式因行业而异,一般说来,有多少种不同的行业,就有多少种不同的职业道德。

4. 时代性　随着时代的变化,职业道德的内容也会发生相应的变化,在一定程度上贯穿和体现着当时社会道德的普遍要求。

（三）道德与职业道德关系

社会道德具有普及性,依据社会强制力实施,没有完整的系统,常通过新闻媒体、社会舆论等表现出来,维护社会主流意识形态的支配和统治地位,适用于社会的主流群体。职业道德是道德的重要组成部分,具有专业性,依据职业规范贯彻落实,违反者会受到职业规范的惩戒、甚至剥夺从业资格,维护特定职业群体的社会信用,适用于特定职业共同体中的所有成员。

由于不同行业在工作性质、社会责任、服务对象以及服务方式等方面存在诸多差异,因而,各行各业都有自己特殊的职业道德要求,比如教师职业道德规范、医务人员职业道德规范等。行业道德规范是把普遍适用的职业道德规范与特定行业的具体要求结合起来,变成了可操作性的具体行为准则,更便于规范从业人员的职业行为,可以有效调节行业内部的关系,可以更好地维护行业整体形象,促进行业健康发展。

二、职业道德的重要作用

职业道德是社会道德体系的重要组成部分,基本职能是调节,主要作用表现在以下几个方面。

1. 有助于调节从业人员与服务对象之间的关系 职业道德可以调节从业人员内部以及从业人员与服务对象之间的关系,规范和约束从业人员的职业行为,激励和鼓舞从业人员做好本职工作。

2. 有助于塑造企业和行业形象 职业道德有助于塑造企业和行业形象,提高和维护企业和行业的信誉,促进企业和行业的可持续发展。企业和行业的形象、信誉主要是通过产品和服务的质量体现出来,而从业人员良好的职业道德是不断提高产品和服务质量的保证。

3. 有助于提高全社会的道德水平 职业道德是公民道德建设的重要内容,职业道德是一个职业集体、甚至一个行业全体人员的行为表现,如果每个行业、每个集体、每个从业者都有具备良好的职业道德意识,自觉践行职业道德规范,就能促进社会道德风气的好转,提高全社会的道德水平。

第二节 职业道德基本规范

案例 7-2

护士小王在一家大型医院的急诊科上班,一天下夜班回家路过偏僻的街道时不幸被人持刀抢劫了她的钱包,钱包里有她刚发的工资2000元现金,在慌乱的挣扎之中,小王看到抢劫她的人额头上有道明显的疤痕。第二天晚上,当她在值班时,一位满身是血的人被送到急诊科,她急忙进行对其抢救,在抢救过程中小王发现这位满身是血的人正是抢劫她钱包的那个人,额头上那道明显的疤痕,让她永远也忘不了。

请问: 护士小王该不该继续抢救这位受伤的人?为什么?

爱岗敬业、诚实守信、办事公道、服务群众、奉献社会是各行各业共同遵守的职业道德基本规范,其中敬业和诚信是职业道德的重点。爱岗敬业、诚实守信是对从业人员的职业行为的基本要求;办事公道、服务群众比爱岗敬业、诚实守信的要求高一些,需要以一定的道德修养为基础;奉献社会则是职业道德基本规范中最高境界。

一、爱 岗 敬 业

爱岗敬业是职业道德的核心和基础,对从业人员工作态度的基本要求,是职业道德基本规范的基础。爱岗是指热爱自己的工作岗位,热爱自己从事的职业;敬业是指用恭敬严肃负责的态度对待工作,敬重自己从事的职业。爱岗是敬业的基础,敬业是爱岗的具体表现。爱岗敬业是为人民服务精神的具体表现。从业者只有做到爱岗敬业,才能认真负责地做好本职工作,进而精益求精,取得更大成就,促进个人的健康成长和行业的可持续发展,有助于形成良好的社会风气,推动我国经济社会的全面进步。

爱岗敬业不是一个口号,而是实实在在的行动,爱岗敬业就要做到乐业、勤业、精业。乐业是一种良好的职业情感,是爱岗敬业的前提,要求我们对自己所从事的工作培养起浓厚的职业兴趣;勤业是一种优秀的工作态度,是爱岗敬业的重要体现,要求我们要有认真负责的工作态度和刻苦勤奋的工作精神;精业是一种高超的工作能力,是爱岗敬业的升华和最高层次展现,要做到精业,要求我们必须对工作精益求精,追求卓越,不断创新,争创一流。乐业、勤业、精业,这三者是相辅相成、相得益彰的关系。

"干一行、爱一行、专一行"是我们对待工作的正确态度,是爱岗敬业的应有之义,我们中职学生一定要正确理解爱岗敬业的含义,培养起"干一行、爱一行、专一行"的职业态度。在现实生活中能够找到自己理想职业的人必定是少数,尤其是我们这些年龄偏小、学历偏低、经验偏少的中职毕业生。大多数人必须面对现实,去从事社会所需要的,而自己内心不太愿意干的工作,如果没有"干一行,爱一行"的精神,很难做到爱岗敬业,也就很难在工作中取得优异成绩,甚至会失去就业和事业发展的机会。实际上,世界上没有十全十美的职业,一个人的兴趣爱好是可以改变的,即使现在没有兴趣,也可以在今后学习、生活和工作的过程中逐渐培养起来。我们提倡爱岗敬业,也并非要求人们终身只能从事一种职业,允许人才的合理流动,真正做到人尽其才,充分发挥人的积极性和创造性,更有利于经济的发展、社会的和谐。

二、诚 实 守 信

诚实守信是忠诚老实、信守诺言,是中华民族的传统美德,是做人的基本准则,又是从业者在职业活动中必须遵守的基本道德规范。诚实就是忠诚老实,忠于事物的本来面貌,说老实话,办老实事,做老实人。守信就是信守诺言,讲信誉,重信用,忠实履行自己承担的义务。守信是以诚实为基础,守信是诚实的具体表现。诚实守信能够促进个人健康成长和事业的成功;能够保证人与人之间的正常交往。

怎样才能做到诚实守信呢? 一是要树立重视产品和服务的质量、维护企业信誉的意识;二是要诚实劳动、合法经营,自觉维护消费者的利益;三是刻苦学习、提高技能,不断创新,争创名优产品。

三、办 事 公 道

办事公道是从业者在职业活动中必须遵守的道德规范。办事公道是指从业人员在办事情处理问题时,要站在公正的立场上,按照同一标准和同一原则办事的职业道德规范。办事公道要求从业者在职业活动中要做到公平,公正,公开,不谋私利,不徇私情,不以权损公,不以私害民,不假公济私。

怎样才能做到办事公道呢? 一是一切从实际出发,坚持真理,追求正义;二是处理事情时要坚持原则,不徇私情;三是不计较个人得失,不惧怕各种权势;四是加强学习,不断提高认识能力,明辨是非曲直。

四、服 务 群 众

服务群众是从业者在职业活动中一切从群众的利益出发,为群众着想,为群众办好事办实事。服务群众是党的性质和实践党的宗旨的集中体现,要求从业者在职业活动中要深入群众中去、了解群众的疾苦,树立为群众服务的宗旨意识,积极转变工作作风,提升工作质量,做到阳光服务、微笑服务、规范服务和廉洁服务。

怎样做到服务群众呢? 一是树立为群众服务的观念;二是尊重群众,深入群众中了解群众的疾苦;三是真心对待群众,实实在在地为群众服务。

知识链接　　　　　　　　　　　　**正确理解服务的含义**

有人认为"服务"只是和服务行业有关,与自己所从事的工作没有多大的关系。实际上服务既是一种满足他人需要的活动,更是体现了一种人与人之间相互服务的关系,每个人都是在为他人服务的同时也享受着他人提供的服务,从一定意义上说,工作就是人与人之间的相互服务。

五、奉 献 社 会

奉献社会就是要求从业人员在职业活动中树立奉献社会的职业精神,兢兢业业地工作,自觉为社会和他人作贡献,是为人民服务的最高体现,是职业道德规范的最高境界。奉献就是不期望等价的回报和报酬,愿意为他人、为社会、为真理、为正义献出自己的一切包括宝贵的生命。奉献社会不仅要有明确的信念,而且要有实实在在的行动。奉献社会主要强调的是一种忘我的全身心投入。

怎样做到奉献社会呢? 一是要学好知识、练好技能;二是恪尽职守、勇于创新;三是淡泊名利,志存高远。

人物故事

全国优秀乡村医生侯方杰的感人事迹

侯方杰,四川省营山县人,从14岁开始独立行医,行程39万公里,累计为群众看病75万人次,救治危重病人400多人。为救治病人,他头上负伤,腰上留伤,腿被摔伤,却从无怨言,从不后悔。他对社会充满爱心,自己省吃俭用,节衣缩食,却先后为贫困患者免去诊疗费和医药费20多万元,向灾区群众和公益事业捐款10多万元。新华社、《人民日报》、《四川日报》和《南充日报》等多家新闻媒体对他的先进事迹进行了宣传报道。他本人先后获得"营山县优秀共产党员"、"南充市道德模范"、"四川省抗震救灾优秀共产党员"、"全国优秀乡村医生"。以他的事迹为原型的纪实性故事片《蓝风衣》在全国上映,引起强烈反响。

当今社会,人们从事任何一种职业,都要追求一定的劳动报酬,但不能因为有报酬的需要而抹杀了奉献的存在。实际上,从业者在职业活动中通过诚实劳动,完成了一定的工作任务,获得一定的劳动报酬,同时他也就为社会提供了服务,为社会做出了贡献。所以,一个人无论从事什么职业,无论在什么岗位,只要勤勤恳恳,踏踏实实地工作,都是为社会做贡献,都应该得到社会的认可和尊重。

(胥洪培)

目 标 测 试

一、单项选择题

1. 职业道德是社会主义道德体系的（　　）
   A. 无关紧要的部分　　　B. 小部分
   C. 重要组成部分

2. 社会主义职业道德的核心是为人民服务（　　）
   A. 为自己服务　　　　　B. 人民服务
   C. 为有钱人服务

3. 社会主义职业道德的原则是（　　）
   A. 个人主义　　　　　　B. 集体主义
   C. 爱国主义

4. 社会主义职业道德的主要特征不包括（　　）
   A. 行业性　　　　　　　B. 实用性
   C. 多样性　　　　　　　D. 时代性
   E. 多变性

5. 各行各业共同遵守的职业道德基本规范不包括（　　）
   A. 爱岗敬业　　　　　　B. 诚实守信
   C. 办事公道　　　　　　D. 服务群众
   E. 平均主义

6. 职业道德的重点是（　　）
   A. 爱岗敬业　　　　　　B. 诚实守信
   C. 办事公道　　　　　　D. 服务群众
   E. 敬业和诚信

7. 职业道德五项中要求最高的境界是（　　）
   A. 爱岗敬业　　　　　　B. 诚实守信
   C. 办事公道　　　　　　D. 服务群众
   E. 奉献社会

8. 关于办事公道不正确的表述是（　　）
   A. 坚持原则, 实事求是　B. 实行平均主义
   C. 不怕"权势"压力　　　D. 不徇私情

9. 在职业活动中, （　　）是为人之本
   A. 尊重别人　　　　　　B. 团结互助
   C. 学识渊博　　　　　　D. 诚实守信

10. 职业道德是指从事一定职业劳动的人们, 在长期的职业活动中形成的一种内在的、非强制性的（　　）
    A. 行为机制　　　　　　B. 规章制度
    C. 规范行为　　　　　　D. 约束机制

11. 职业道德是一种内在的、（　　）的约束机制
    A. 强制性　　　　　　　B. 非强制性
    C. 随意性　　　　　　　D. 自发性

12. 属于职业道德范畴的内容是（　　）
    A. 企业经营业绩　　　　B. 企业发展战略
    C. 人们的内心信念　　　D. 员工的技术水平

13. 任何职业道德的适用范围都是（　　）
    A. 普遍的　　　　　　　B. 有限的
    C. 无限的　　　　　　　D. 不特定的

14. 在职业活动中, （　　）的提高有利于人的思想道德素质的全面提高
    A. 职业道德　　　　　　B. 学识水平
    C. 自身素质　　　　　　D. 家庭道德

15. 职业道德是个人事业成功的（　　）
    A. 最终结果　　　　　　B. 重要保证
    C. 决定条件　　　　　　D. 显著标志

二、思考题

护士小丁出生在农村, 家庭贫寒, 经过自己的不懈努力, 终于在某市妇幼保健院找到了工作, 每天都有很多孕妇到妇幼保健院检查胎儿的发育情况, 因此小丁掌握了很多孕妇的个人信息。一次小丁的朋友给她介绍了一位婴孕用品商, 这位婴孕用品商提出一个诱人的条件, 如果小丁给他提供一条孕妇个人信息, 就可以获得 100 元的报酬, 这样计算下来, 可比小丁的工资高多了。

请思考: 护士小丁能不能把她掌握的孕妇个人信息提供给这位婴孕用品商? 为什么?

第八章 养成良好的职业行为习惯

良好的职业道德行为习惯可以提高人们的个人综合素质、抵制不正之风、促进事业的发展和实现人生价值。良好的职业道德行为习惯重在养成，中职学生要在日常生活中培养、学习中训练、自我修养中提高、社会实践中体验和在职业活动中强化职业道德行为。中职学生要自觉学习与自己专业相关的职业道德规范，在今后的职业活动中要主动遵守职业道德规范，做职业道德规范的实践者、宣传者和捍卫者。

第一节 职业道德行为养成的作用和途径

案例8-1

某卫校护理班学生小文出生农村，她深知读书机会来之不易，主动遵守校纪班规、学习刻苦努力，积极参加学校和班级组织的活动，深受老师和同学的好评，毕业时以优异的成绩被当地一家三甲医院录用，几年后因工作出色被医院提拔为护士长。而她的同学小佳，出生城市，从小娇生惯养，行为自由散漫，多次违反校纪班规，总认为校纪班规扼杀她的个性，不利于她的成长，毕业后凭着父母的关系也进了这家三甲医院工作，可是不久因为服务质量和服务态度问题多次遭到患者投诉，最终被医院解聘了。

请问：小文的成功和小佳的失败说明了什么？

一、职业道德行为养成的含义和实质

（一）职业道德行为养成的含义

职业道德行为就是指从业者在一定职业道德认知、情感、意志和信念的支配下在从业的过程中所采取的一系列自觉的活动。对这种活动按照职业道德规范的要求进行有意识的训练和培养，称之为"职业道德行为养成"。

（二）职业道德行为养成的实质

职业道德行为养成的实质就是职业道德品质的形成，道德品质是由道德认知、道德情感、道德意志、道德信念和道德行为五大要素构成，这五大要素交互作用，构成一个人的道德品质。

1. 道德认知 道德认知就是指人们对道德原则和规范的认识，道德认知决定人们的道德判断。

2. 道德情感 道德情感就是指人们在一定道德认知的基础上对一定的道德关系和道德行为等所产生的内心体验，道德情感在道德认知向道德行为转化的过程中起着重要的催化作用。

3. 道德意志 道德意志就是指人们的内在道德意识向外部道德行为转化过程中克服困难与挫折时的精神力量。

4. 道德信念 道德信念就是指人们对一定的人生观、价值观以及道德行为准则的合理性、正义性的尊崇，从而形成人们履行一定道德义务的强烈责任感，这是道德的内在力量。

5. 道德行为 道德行为就是指人们一定道德品质的外在表现，是道德品质形成和发展的重要标志,是检验道德认知的标准,是道德的外在影响力。

职业道德行为养成的最终目的就是要把职业道德的原则和规范贯彻和落实到从业者的职业活动中去,促使从业者养成良好的职业行为习惯,做到言行一致,知行统一,从而形成高尚的职业道德品质,并逐步到达崇高的职业道德境界。

二、职业道德行为养成的作用

1. 提高个人综合素质 一个人要想干好本职工作,除了具备一定的专业技能外,还必须具有良好的思想道德素质、生理心理素质等,其中最重要的是职业道德素质,对中职学生进行职业道德行为养成训练就是为了培养良好的职业行为习惯,提高自身的职业道德素质,提高自身的综合素质。

2. 抵制不正之风 加强中职学生职业道德行为养成训练,坚定职业道德信念,坚强职业道德的意志、实践职业道德行为,才能在利益纠葛的职业活动中、坚持公平公正的原则,自觉抵制不正之风。

3. 促进事业的发展 事业的发展总是和人们的职业道德行为有密切的关系。人们的职业道德行为对个人、企业和社会的发展进步都有密切的关系。拥有良好职业道德行为的人,更容易成就一番事业,推动企业和社会的可持续发展。

4. 实现人生价值 自觉加强职业道德行为养成训练,有助于培养良好的职业观念、职业作风和职业行为习惯,有助于从业者以更好的心态、更大的热情投入到工作去,取得更多更好的业绩,为社会做出更大的奉献,实现自己的人生价值。

三、职业道德行为养成的途径

(一)在日常生活中培养

职业道德行为的最大特点是自觉性和习惯性,而培养人的良好习惯的载体是日常生活,中职学生要在日常生活中加强职业道德养成训练,从小事做起,从现在做起,一点一滴地积累,培养良好的生活习惯、学习习惯和职业习惯,主要做好以下几点:一是规范衣着打扮;二是遵守作息时间;三是言行举止文明;四是乐于助人奉献;五是掌握专业技能规范;六是主动学习行业规范。

(二)在专业学习中训练

中职学校在对学生进行专业技能教学的同时也要进行职业道德教育,严格按照教育部的要求开设德育课程,配备德育教师,认真开展德育课程教学工作。在其他公共课程的教学过程中要贯穿德育的内容,在专业技能课的教学中,可以利用在本专业取得建树的榜样人物来对学生进行职业道德教育,还可以聘请实习单位的领导或行业劳动模范到校开展关于职业道德的专题讲座,介绍本行业从业人员应该遵守的职业道德规范。通过这些方式,使学生在学习专业技能的同时,职业道德水平能够得到相应的提高。

(三)在自我修养中提高

中职学生要在日常的生活、学习和各种实践活动中按照职业道德的基本原则和规范,通过慎独、内省等方式,加强自我修养,提高自身的职业道德水平。

1. 慎独 慎独是指在没有外界监督的情况下,即使一个人也能遵守道德规范,不做对国家、社会和他人不道德的事情。慎独既是一种重要的道德修养方法，又是一种崇高的精神境界。慎独作为一种自我修养的方法，可以促使从业者更加积极主动地遵守职业道德规范，慎独是把外在的道德规范、规章制度和法律条文变成内心的坚定信念，把他律变为自律。慎独作为职业道德修养的一种境界，能否做到慎独是衡量人们职业道德修养水平高低的重要尺度。中职学生要严格要求自己，不能自己原谅自己，当有思想放松的苗头时，要三思而后行，要将这种不健康的欲望消灭于萌芽状态。在说话、做事之中要多一个"慎"，要深思熟虑、考虑周全，无论是有人还是无人，无论是集体还是个人，无论大事还是小事都要小心谨慎，三思而后行，长期坚持下去，逐步达到慎独的境界。

2. 内省　内省是指通过内心省察，使自己的思想和言行符合道德标准的要求。内省是一个自我观察、自我评价的过程。内省是古代思想家提高自身道德修养的重要方法，也是中华民族优良道德传统的重要组成部分。内省是正确认识自己的重要途径，是自我提升和完善的内在动力，是自我调节和控制的有效方法。中职学生既要主动遵守校纪班规，以职业道德规范作为自己言行得失的评价标准，立足于日常生活实践和岗位实践，严于解剖自己，客观看待自己，时刻保持清醒的头脑，不断提高自己的道德境界。

知识链接　　　　　　　　　　**慎独的含义**

"慎"就是小心谨慎、随时戒备；"独"就是独处，独自行事。所谓"慎独"就是指人们在独自活动无人监督的情况下，凭着高度自觉，按照一定的道德规范行动。慎独是一种情操，一种修养，一种自律和一种担当。慎独是我国古代儒家创造出来的一种独特的自我修身方法。"慎独"一词出自于《礼记·中庸》："道也者，不可须臾离也；可离非道也。是故君子戒慎乎其所不睹，恐惧乎其所不闻。莫见乎隐，莫显乎微，故君子慎其独也。"意思是说，做人的道德原则是时时处处也不能离开的。"君子"在别人看不见的时候，总是非常谨慎；在别人听不见的时候，总是十分警惕。

（四）学习职业道德榜样

树立职业道德榜样、学习职业道德榜样，充分发挥榜样的示范、引导和感召作用，是进行职业道德教育的重要方式，也是提高职业道德修养的有效方法。学习榜样，见贤思齐，可以进化人的心灵，丰富人的文化内涵，提升人们的道德境界。学习职业道德榜样要注意三点：一是要善于发现榜样，正确选择榜样，准确把握榜样体现出来的道德内涵；二是正确看待榜样的闪光点和不足的地方，主要是学习榜样的闪光点；三是要与工作岗位相结合，把学习榜样的愿望转化为实实在在的工作业绩。

（五）在社会实践中体验

学习职业道德规范目的在于培养职业道德行为，丰富的社会实践是实现知行统一的重要途径，职业道德行为的养成需要在社会实践中体验。参加实训学习、社会调查、志愿服务和勤工俭学等活动，可以使同学们更加了解社会，了解自己将要从事的职业，培养同学们吃苦耐劳、无私奉献的精神，增强同学们的责任感、使命感。在社会实践中，把学和做结合起来，把学到的职业道德知识、职业道德规范运用到实践中，落实到自己的职业行为中去，做到言行一致，知行统一，长期坚持下去，就能培养起良好的职业行为习惯，提高职业道德水平。

（六）在职业活动中强化

职业活动是检验职业道德品质的试金石，自觉把职业道德规范运用在职业活动中解决实践中遇到的问题,强化职业道德行为规范,养成良好的职业道德行为习惯。

1. 将职业道德知识内化为信念　内化就是把学到的职业道德知识转变为个人内心坚定的职业道德信念,它是职业道德知识、情感和意志的结晶,也是人们职业道德行为的强大动力和精神支柱,以此保证职业道德行为的坚定性和持久性。

2. 将职业道德信念外化为行为　外化就是把内心形成的职业道德情感、意志和信念变成个人自觉的职业道德行为,指导自己的职业活动。在职业活动中,要始终不渝地遵守职业道德规范,履行自己的职业责任和义务,做一个有良好职业道德的公民。

知识链接	不良行为影响一个人成功

一般说来,下列不良行为会影响一个人求职的成功和事业的发展。

1. 没有理想,没有目标,得过且过,混天过日
2. 说话的巨人,行动矮子,光说不练假把式
3. 做事没有恒心,开始热情万丈,后来不了了之
4. 没有吃苦耐劳的精神,小事不愿做,大事不会做
5. 缺乏严肃认真的态度,做事马虎,错漏百出
6. 没有自觉性,不服从管理,自由散漫
7. 缺乏文明礼仪素养,言行举止粗俗
8. 时间观念淡薄,不能守时,做事拖沓

这些不良行为在一定程度上会影响中职学生的学习成绩和事业发展。所以中职学生要严格要求自己,逐渐养成良好的行为习惯,认认真真学习各科知识,踏踏实实做好各项工作,一定能够走向成功,拥有美好的未来。

第二节　医务人员应遵守的职业道德规范

案例 8-2

小杨,28 岁,毕业于某卫校,在一家大型医院的妇产科上班,由于工作非常出色,不久前被医院提拔为护士长。一天,一位进口奶粉的经销商找到了她,希望小杨能帮助他推销进口奶粉,具体做法是在婴儿出生后第一次喂奶时,安排护士专门选择这位经销商销售的进口奶粉给婴儿喂,这样婴儿以后就会只喜欢这位经销商销售的奶粉口味,小杨就可以获得这位婴儿消费该品牌奶粉价格30%的提成,直至婴儿不再喝奶粉为止,这是一笔非常可观的收入。

请问:小杨该不该答应这位进口奶粉经销商的要求? 为什么?

一、医疗机构从业人员行为规范

为进一步规范医疗机构从业人员行为,2012 年 6 月 26 日,卫生部、国家食品药品监督管理局和国家中医药管理局组织制定了《医疗机构从业人员行为规范》,其中第二章对医疗机构从业人员基本行为规范做出了明确规定,具体内容如下:

1. 以人为本,践行宗旨。坚持救死扶伤、防病治病的宗旨,发扬大医精诚理念和人道主义精神,以病人为中心,全心全意为人民健康服务。

2. 遵纪守法,依法执业。自觉遵守国家法律法规,遵守医疗卫生行业规章和纪律,严格执行所在医疗机构各项制度规定。

3. 尊重患者,关爱生命。遵守医学伦理道德,尊重患者的知情同意权和隐私权,为患者

保守医疗秘密和健康隐私,维护患者合法权益;尊重患者被救治的权利,不因种族、宗教、地域、贫富、地位、残疾、疾病等歧视患者。

4. 优质服务,医患和谐。言语文明,举止端庄,认真践行医疗服务承诺,加强与患者的交流与沟通,积极带头控烟,自觉维护行业形象。

5. 廉洁自律,恪守医德。弘扬高尚医德,严格自律,不索取和非法收受患者财物,不利用执业之便谋取不正当利益;不收受医疗器械、药品、试剂等生产、经营企业或人员以各种名义、形式给予的回扣、提成,不参加其安排、组织或支付费用的营业性娱乐活动;不骗取、套取基本医疗保障资金或为他人骗取、套取提供便利;不违规参与医疗广告宣传和药品医疗器械促销,不倒卖号源。

6. 严谨求实,精益求精。热爱学习,钻研业务,努力提高专业素养,诚实守信,抵制学术不端行为。

7. 爱岗敬业,团结协作。忠诚职业,尽职尽责,正确处理同行同事间关系,互相尊重,互相配合,和谐共事。

8. 乐于奉献,热心公益。积极参加上级安排的指令性医疗任务和社会公益性的扶贫、义诊、助残、支农、援外等活动,主动开展公众健康教育。

二、医师职业道德

2005 年中国医师协会正式签署《医师宣言》,《医师宣言》为当代医师提出了 21 世纪医学职业道德的行为规范和行为准则,它表现为三条基本原则以及一系列明确的职业责任。

1. 基本原则

(1) 将患者利益放在首位的原则:这一原则是建立在为患者利益服务的基础上。信任是医患关系的核心,而利他主义是这种信任的基础。市场力量、社会压力以及管理的迫切需要都绝不能影响这一原则。

(2) 患者自主的原则:医师必须尊重患者的自主权。医师必须诚实地对待患者并使患者在了解病情的基础上有权对将要接受的治疗做出决定。只要这些决定和伦理规范相符合,并且不会导致要求给予不恰当的治疗,那么患者的这种决定就极为重要。

(3) 社会公平原则:医学界必须在医疗卫生体系中促进公平,包括医疗卫生资源的公平分配。医师应该努力去消除医疗卫生中的歧视,无论这种歧视是以民族、性别、社会经济条件、种族、宗教还是其他的社会分类为基础。

2. 职业责任

(1) 提高业务能力的责任:医师必须终生学习并且有责任不断更新保证医疗质量所必需的医学知识、临床技巧和团队精神。更宽泛地说,医学界作为一个集体,必需努力保证每一位成员都富有能力,而且有恰当的机制使医师能够达到这一目标。

(2) 对患者诚实的责任:医师必须保证在患者同意治疗之前以及治疗之后将病情完整而诚实地告诉他们。这一期望并非意味着患者应该参与到非常具体的医疗方案中去,而是指他们必须有权利对治疗做出决定。同时,医师也应该承认由于医疗而受到伤害时,应该立即将情况告知患者,因为不这样做将严重危害患者和社会对医师的信任。报告和分析医疗差错,为制定恰当的预防措施和改进措施提供了基础,并且也为受到伤害的患者获得恰当的补偿提供了基础。

（3）为患者保密的责任：为了赢得患者的信任和信心，当提及患者的有关情况时需要有恰当的保密措施。当不可能获得患者自己的同意时，这一责任可以通过和代表患者的有关人员进行商谈来解决。由于汇集患者资料的电子信息系统的广泛应用以及遗传信息越来越容易获得，现在履行保密的责任比以往都更为迫切。但是，医师也认识到他们为患者保密的责任偶尔也必须服从于公众利益的更高需要（比如当患者危及其他人时）。

（4）和患者保持适当关系的责任：由于患者固有的弱势和依赖性，医师和患者之间的某些关系必须避免。特别值得强调的是，医师绝不应该利用患者获取任何方面的利益，包括个人经济利益或其他的个人目的。

（5）提高医疗质量的责任：医师必须为不断提高医疗卫生质量而努力奉献。这一责任不仅要求医师保持他们的临床技能，而且要求医师和其他专业人员通过合作减少医疗差错，提高患者的安全性，减少医疗卫生资源的过度使用以及优化医疗结果。医师必须积极参与建立更好的医疗质量衡量办法，并应用这些办法去常规评价所有参与医疗卫生实践的个人、机构和体系的工作。医师个人或他们的专业组织必须对帮助建立并实施这一机制负有责任，其目的是为了医疗质量的进一步提高。

（6）促进享有医疗的责任：医师职业精神要求所有医疗卫生体系的目标是提供统一的、充分的医疗标准。作为个人以及作为整体，医师必须努力减少阻碍公平的医疗保健的障碍。在各种体系中，医师应该努力去消除那些基于教育、法律、财务、地域以及社会歧视的障碍。对公平负有责任而不考虑医师或行业的私利，不仅使公共卫生和预防医学得以提高，而且每个医师也因此而得到公众的拥护。

（7）对有限的资源进行公平分配的责任：当满足患者个人需要的同时，医师必须明智而有效地利用有限的临床资源为患者提供卫生保健。他们有责任和其他医师、医院以及医疗保健的付费方共同制定高效低耗的医疗保健指南。医师对合理分配资源所负有的职业责任要求他们谨慎小心地避免多余的检查和操作。提供不必要的服务不仅使患者可能受到本可避免的伤害，增加患者不必要的费用，而且减少了其他患者可以获得的资源。

（8）对科学知识负有责任：医学与社会之间的关系绝大部分是以完整而合理地应用科学知识与技术为基础的。医师有义务赞同科学的标准、促进研究、创新知识并保证知识的合理应用。医学界对知识的完整性负有责任，而这种完整性则是以科学证据和医师经验为基础的。

（9）通过解决利益冲突而维护信任的责任：医学工作者和他们的组织有许多机会因追求私利或个人的好处而危害他们的职业责任。当追求与营利性的产业相关时，包括医疗设备生产厂商、保险公司和医药公司，这种危害尤其严重。医师有责任认识、向大众揭发并处理责任范围内或工作中产生的利益冲突。产业和专业领导之间的关系应该予以公开，尤其当后者为制定临床试验标准、撰写社论或治疗指南者，或担任科学杂志的编辑。

（10）对职责负有责任：作为医师职业的成员，医师应该为最大限度地提高医疗水平而通力合作、互相尊重并参与自律，这包括对没有达到职业标准的成员给予纠正并为此制定标准。无论作为个人还是作为集体，医师有义务参加这些活动。这些义务活动包括参与内部评审并从专业工作的各个方面接受外界的检查。

《医疗机构从业人员行为规范》第四章对医师行为规范明确规定如下：

第二十条　遵循医学科学规律，不断更新医学理念和知识，保证医疗技术应用的科学性、合理性。

第二十一条　规范行医，严格遵循临床诊疗和技术规范，使用适宜诊疗技术和药物，因病施治，合理医疗，不隐瞒、误导或夸大病情，不过度医疗。

第二十二条　学习掌握人文医学知识，提高人文素质，对患者实行人文关怀，真诚、耐心与患者沟通。

第二十三条　认真执行医疗文书书写与管理制度，规范书写、妥善保存病历材料，不隐匿、伪造或违规涂改、销毁医学文书及有关资料，不违规签署医学证明文件。

第二十四条　依法履行医疗质量安全事件、传染病疫情、药品不良反应、食源性疾病和涉嫌伤害事件或非正常死亡等法定报告职责。

第二十五条　认真履行医师职责，积极救治，尽职尽责为患者服务，增强责任安全意识，努力防范和控制医疗责任差错事件。

第二十六条　严格遵守医疗技术临床应用管理规范和单位内部规定的医师执业等级权限，不违规临床应用新的医疗技术。

第二十七条　严格遵守药物和医疗技术临床试验有关规定，进行实验性临床医疗，应充分保障患者本人或其家属的知情同意权。

三、护士职业道德

护士职业道德是护士在执行业务过程中用以调节护士与患者，护士与其他人员以及社会的行为准则和规范的总和。1953年，国际护士协会（ICN）首次采用国际护士职业道德准则，其间已经多次修订，2000年修订之最新版本《国际护士道德准则》由四项基本原则组成，是护士行为的职业道德标准。

1. 护士与民众　护士之基本责任是照顾那些需要照顾的民众。护士在提供护理时，要推动建立一个尊重个人、家庭及社会人权、价值观、风俗习惯及信仰的护理环境。护士确保个人获得做出同意护理及相关治疗决定时所需的足够信息。护士应对个人资料保密，并判断可否分享资料。护士与社会共同承担责任，采取并支持行动，满足公众特别是弱势群体的健康及社会需要。护士分担责任，维持和保护自然环境，使其不致枯竭、免受污染、退化或破坏。

2. 护士与实践　护士承担护理操作的个人义务与责任的护士，有义务和责任通过不断学习保持自己的专业能力。护士要保持个人健康，确保护理能力不受损害。护士根据个人能力接受或授权责任。护士时刻保持良好的专业形象，增强公众信任。护士在护理时确保先进科技的应用符合民众的安全、尊严和权利需要。

3. 护士与专业　护士是决定和实施公认的临床护理、管理、科研和教育标准的主导者。护士要积极建立以科研为基础的专业知识体系。护士通过专业团体参与建立和维护护理领域公平的社会和经济工作条件。

4. 护士与合作者　护士与护理及其他领域的合作者保持合作关系。当护理受到合作者或其他人危害时，护士要采取适当行动保护护理对象。

《医疗机构从业人员行为规范》第五章对护士行为规范明确规定如下：

第二十八条　不断更新知识，提高专业技术能力和综合素质，尊重关心爱护患者，保护患者的隐私，注重沟通，体现人文关怀，维护患者的健康权益。

第二十九条　严格落实各项规章制度，正确执行临床护理实践和护理技术规范，全面履行医学照顾、病情观察、协助诊疗、心理支持、健康教育和康复指导等护理职责，为患者提供安全优质的护理服务。

第三十条　工作严谨、慎独，对执业行为负责。发现患者病情危急，应立即通知医师；在紧急情况下为抢救垂危患者生命，应及时实施必要的紧急救护。

第三十一条　严格执行医嘱，发现医嘱违反法律、法规、规章或者临床诊疗技术规范，应及时与医师沟通或按规定报告。

第三十二条　按照要求及时准确、完整规范书写病历，认真管理，不伪造、隐匿或违规涂改、销毁病历。

四、药师职业道德

药品是一种关系到人民生命安全的特殊商品，药师的素质是保证药品安全的关键，药师的素质包括药学专业知识，法律知识和职业道德等方面的内容，其中职业道德是药师素质的重要内容之一。2007年3月初中国执业药师协会完成了《中国执业药师职业道德准则》指导的研究和制定工作。中国执业药师职业道德准则有如下几点。

1. 救死扶伤，不辱使命　执业药师应当将患者及公众的身体健康和生命安全放在首位，以自己的专业知识、技能和良知，尽心尽职尽责为患者及公众提供药品和药学服务。

2. 尊重患者，一视同仁　执业药师应当尊重患者或者消费者的价值观、知情权、自主权、隐私权，对待患者或者消费者应不分年龄、性别、民族、信仰、职业、地位、贫富，一律平等相待。

3. 依法执业，质量第一　执业药师应当遵守药品管理法律、法规，恪守职业道德，依法独立执业，确保药品质量和药学服务质量，科学指导用药，保证公众用药安全、有效、经济、合理。

4. 进德修业，珍视声誉　执业药师应当不断学习新知识、新技术，加强道德修养，提高专业水平和执业能力；知荣明耻，正直清廉，自觉抵制不道德行为和违法行为，努力维护职业声誉。

5. 尊重同仁，密切协作　执业药师应当与同仁和医护人员相互理解，相互信任，以诚相待，密切配合，建立和谐的工作关系，共同为药学事业的发展和人类的健康奉献力量。

《医疗机构从业人员行为规范》第六章对药学技术人员行为规范明确规定如下：

第三十三条　严格执行药品管理法律法规，科学指导合理用药，保障用药安全、有效。

第三十四条　认真履行处方调剂职责，坚持查对制度，按照操作规程调剂处方药品，不对处方所列药品擅自更改或代用。

第三十五条　严格履行处方合法性和用药适宜性审核职责。对用药不适宜的处方，及时告知处方医师确认或者重新开具；对严重不合理用药或者用药错误的，拒绝调剂。

第三十六条　协同医师做好药物使用遴选和患者用药适应证、使用禁忌、不良反应、注意事项和使用方法的解释说明，详尽解答用药疑问。

第三十七条　严格执行药品采购、验收、保管、供应等各项制度规定，不私自销售、使用非正常途径采购的药品，不违规为商业目的统方。

第三十八条　加强药品不良反应监测，自觉执行药品不良反应报告制度。

五、卫生检验员职业守则

1. 遵守法律、法规和有关规定 "以遵纪守法为荣,以违法乱纪为耻"将违法乱纪看成是纪律、法律和道德上所不允许的,其实质就是把遵纪守法看成是现代公民的基本道德规范,是现代公民的基本守则,也是每个公民应尽的道德义务。

2. 严格执行医德医风的相关规定,树立严谨的科学作风 根据国家相关标准,立足卫生行业实际情况,制定和完善各项规章制度,加强医德医风教育,严格执行医德医风的相关规定,树立严谨的科学作风,不断提高职业技能,提升服务质量,改善医患关系,树立行业新形象。

3. 爱岗敬业、忠于职守、自觉履行岗位职责 爱岗敬业、忠于职守是社会主义职业道德的基本要求,是实现社会责任的基本要求和体现,是人们职业道德品质高尚与否的根本标志之一,也是卫生检验员必须遵守的职业守则。

4. 严格执行实验室规章制度及实验室操作规程 严格执行实验室规章制度及实验室操作规程是获取正确数据的关键,也是标准化实验室的基本要求,每个从事实验操作的工作人员都必须遵守。

5. 刻苦学习,钻研业务,努力提高思想和文化素质 在科学技术迅速发展的今天,新的实验技术不断涌现,只有刻苦学习,努力钻研,才能及时了解和掌握检验技术的最新动态,成为一名优秀的卫生检验人员。

知识链接 **医技人员行为规范**

《医疗机构从业人员行为规范》第七章对医技人员行为规范明确规定如下:

第三十九条 认真履行职责,积极配合临床诊疗,实施人文关怀,尊重患者,保护患者隐私。

第四十条 爱护仪器设备,遵守各类操作规范,发现患者的检查项目不符合医学常规的,应及时与医师沟通。

第四十一条 正确运用医学术语,及时、准确出具检查、检验报告,提高准确率,不谎报数据,不伪造报告。发现检查检验结果达到危急值时,应及时提示医师注意。

第四十二条 指导和帮助患者配合检查,耐心帮助患者查询结果,对接触传染性物质或放射性物质的相关人员,进行告知并给予必要的防护。

第四十三条 合理采集、使用、保护、处置标本,不违规买卖标本,谋取不正当利益。

(胥洪培)

目 标 测 试

一、单项选择题

1. 职业道德行为养成的实质就是( )的形成
   A. 职业道德修养　　　 B. 职业道德品质
   C. 职业道德行为　　　 D. 职业道德意识

2. 道德品质的五个构成要素不包括( )
   A. 道德认知　　　 B. 道德情感
   C. 道德意志　　　 D. 道德信念
   E. 道德观念

3. 职业道德行为养成的作用不包括( )
   A. 抵制不正之风　　　 B. 提高综合素质
   C. 促进事业的发展　　　 D. 实现人生价值
   E. 实现企业超额利润

4. 职业道德行为养成的途径不包括( )
   A. 在日常生活中培养　　　 B. 在学习中训练
   C. 在自我修养中提高　　　 D. 在社会实践中体验
   E. 在玩手机中学习

5. 在日常生活中培养职业道德行为不包括(　　)
    A. 穿着打扮时髦　　　B. 遵守作息时间
    C. 言行举止文明　　　D. 乐于助人
    E. 掌握专业技能规范　F. 主动学习行业规范
6. 加强自我修养提高职业道德水平的途径包括(　　)
    A. 德育课　　　　　　B. 专业课
    C. 内省　　　　　　　D. 实训实习
7. 提高职业道德修养的前提是(　　)
    A. 确立正确的人生观
    B. 学习先进人物的优良品质
    C. 培养自己良好的行为习惯
    D. 同旧思想、旧意识作斗争
8. 在职业活动中强化职业道德行为途径包括(　　)
    A. 掌握专业技能规范
    B. 将职业道德知识内化为行为
    C. 将职业道德信念外化为行为
    D. 培养自己良好的行为习惯
9. 职业道德修养的基础是(　　)
    A. 确立正确的人生观
    B. 学习先进人物的优良品质
    C. 养成自己良好的行为习惯
    D. 同旧思想、旧意识作斗争
10. 做好本职工作的基本条件是(　　)
    A. 经常进行自我反思,增强自律性
    B. 提高精神境界,努力做到慎独
    C. 努力学习现代科学文化知识和专业技能,提高文化素养
    D. 学习职业道德规范,掌握职业道德知识
11. 既是道德修养的一种方法,又是一种崇高的境界的是(　　)
    A. 慎独　　　　　　B. 不对别人讲任何事情
    C. 吾日三省吾身　　D. 不做任何坏事
12. 一个人若能在(　　)的情况下不做任何不道德的事,就是"慎独"
    A. 有人监督　　　　B. 无人监督
    C. 有纪律约束　　　D. 无法律约束
13. 在职业交往活动中,符合仪表端庄具体要求的是(　　)
    A. 着装华贵　　　　B. 适当化妆或带饰品
    C. 饰品俏丽　　　　D. 发型要突出个性
14. 职业活动中,对客人做到(　　)是符合语言规范的具体要求的
    A. 言语细致,反复介绍
    B. 语速要快,不浪费客人时间
    C. 用尊称,不用忌语
    D. 语气严肃,维护自尊
15. 在日常接待工作中,对待不同服务对象,态度应真诚热情、(　　)
    A. 尊卑有别　　　　B. 女士优先
    C. 一视同仁　　　　D. 外宾优先

二、思考题

　　想到丈夫下岗、婆婆生病住院、儿子的学杂费和自己微薄的工资,这一连串的事情让护士林姐这几天有些心神不宁。在值夜班时,她一不小心把一支无色无味的药液掉在地上,这可是价值好几百元的进口药,她看到周围没有其他的人,赶紧把掉在地上的残渣打扫干净。
请思考:护士林姐该如何处理这件事? 为什么?

第九章　学会依法维护自己的合法权益

我国宪法是全体人民利益和意志的集中体现,它保障包括中职学生在内的每位公民的各项基本权利,与每位公民的生活息息相关。那么,宪法在我国政治生活中发挥着什么样的作用? 宪法规定公民有哪些基本权利和义务? 中职学生应如何以自己的实际行动,维护宪法的权威,当好国家公民呢?

第一节　维护宪法权威,当好国家公民

案例9-1

中职学生王某不爱学习,长期沉溺于网络不能自拔,父母给他的生活费被他用来购买游戏装备,导致他没有钱吃饭,于是他在网上寻求赚钱的机会,有一天他发现网上有公司招聘兼职信息员且待遇优厚,于是他通过网络应聘成功,长期为该公司提供信息,包括一些国家的机密,他因此获得了较为丰厚的待遇,过着衣食无忧的生活,可是好景不长,有一天他突然被警察带走,原来这家公司其实就是一个专门窃取别国机密的国外间谍机构。

请问:王某的行为违反了哪项法律?

一、宪法及法律相关知识

（一）宪法的含义及其地位

1. 宪法的含义　宪法(Constitution)是一个国家的根本大法,是特定社会政治经济和思想文化条件综合作用的产物。集中反映各种政治力量的实际对比力量,确认革命胜利成果和现实的民主政治,规定国家的根本任务和根本制度,即社会制度、国家制度的原则和国家政权的组织以及公民的基本权利义务等内容。

2. 宪法的地位　宪法是国家的根本大法,主要体现在三个方面。

（1）从内容上看,宪法规定涉及国家生活中带有全局性、根本性的问题。国家生活中全局性、根本性的问题,包括国家的性质和根本任务,国家制度、社会制度和其他制度,公民的基本权利和义务,国家机关的组织及职权,国家标志等问题。这些问题集中体现了我国广大人民的根本意志和根本利益,因此只能由宪法来规定和确认。

（2）从效力上看,宪法具有最高的法律效力。法律效力是指法律所具有的强制性和约束力。宪法在内容上的特殊性决定了它具有最高的法律效力,主要体现在,一方面,宪法是普通法律制定的基础和依据,其他法律是宪法的具体化;另一方面,普通法律与宪法相抵触无效。

（3）从制定和修改的程序上看,宪法的制定和修改程序比普通法更为严格。我国宪法的修改由全国人民代表大会常务委员会或者五分之一以上的全国人大代表才可以提出议案,并由全国人大以全体代表的三分之二以上的多数才能通过;而普通法律则由全国人民代表大会以全体代表的过半数通过。

宪法是我国的根本大法,是治国安邦的总章程,是保持国家统一、民族团结、经济发展、社会进步和长治久安的法律基础,是发展中国特色社会主义,把我国建设成为富强、民主、

文明、和谐的社会主义现代化国家的根本法律保障。

依宪治国是依法治国的核心,宪法是法治的标志,依法治国是一种治国的思想体系、原则体系和制度体系的总称。依法治国要求国家机关及其工作人员不得做宪法禁止做的事情,也不得拒绝做宪法规定做的事情。

(二)法律的含义、特征及其作用

1. 法律的含义 法律(Law)是国家制定或认可的,由国家强制力保证实施的,以规定当事人权利和义务为内容的具有普遍约束力的社会规范。

2. 法律的特征 法律作为一种行为规范系统,具有以下四个基本特征:

(1)由国家制定或认可:这是法律来源上的一个重要特征,法律产生的方式有国家制定和认可两种,由国家制定形成的是成文法,由国家认可形成的是认可法。

(2)由国家强制力保证实施:由于法律是国家意志的体现,由国家强制机关保证其实施。

(3)规定人们的权利和义务:法律所规定的权利和义务,是由国家制定或认可,人们有权行使法律规定的权利也必须承担法律规定的义务。

(4)具有普遍的约束力:法律所提供的行为规范是按照法律规定范围内的所有人都适用,任何人不允许有法律之外的特殊,即法律面前人人平等。

3. 法律的作用 是指对社会生活的影响,包括法律调整的影响和法的思想影响。法律的作用主要有以下三方面:

(1)明示作用:即以法律条文的形式明确告知人们,哪些行为是必须做的,哪些行为是可以做的,哪些行为是不可以做的,哪些行为是合法的,哪些行为是非法的,违法者将要受到怎样的制裁等。

(2)预防作用:主要是通过法律的明示作用和执法的效力以及对违法行为进行惩治力度的大小来实现的。通过法律宣传和教育可以使人们知晓在人们的日常行为中,哪些行为是合法的,哪些行为是非法的,违法者将要受到怎样的制裁等。从而提高人们的法律意识,从而减少违法犯罪行为的发生。

(3)矫正作用:主要是通过法律的强制执行力来机械地校正社会行为中所出现的一些偏离了法律轨道的不法行为,使之回归到正常的法律轨道,来保证人们正常生活、学习和工作。

二、自觉依法律己,避免违法犯罪

(一)违法行为具有社会危害性

1. 违法行为 凡是做出法律所禁止的行为或者不履行法律规定的义务,都是违法行为。根据违法行为的性质、情节和对社会的危害程度,可以把违法行为分为违宪行为和刑事违法行为、民事违法行为、行政违法行为。

(1)违宪行为:通常指有关国家机关制定的某种法规及国家机关、社会组织或公民的某种活动、行为与宪法的规定相抵触。

(2)刑事违法行为:通常是违反刑法应受刑罚处罚的行为,也就是犯罪,是一种严重违法行为。

(3)民事违法行为:通常是指违反民事法律法规的行为,要承担民事责任。

（4）行政违法行为:通常是指违反行政管理法律法规的行为,应受到行政制裁。

2. 一般违法行为　民事违法行为和行政违法行为的违法情节比较轻微,对社会危害性不大,还没有触犯刑法,只是违反了刑法以外的法律、法规,这两种违法行为叫做一般违法行为。虽然不像犯罪行为那样,对社会造成严重危害,但也损害国家和人民的利益,也为国家法律所禁止,也应受到一定的法律制裁,承担相应的法律责任,有些一般违法行为如果不及时给予处罚、惩戒,还可能发展为犯罪。

（二）违反治安管理的行为要受法律处罚

1. 违反治安管理的行为　违反治安管理的行为是指扰乱公共秩序,妨害公共安全,侵犯人身权利、财产权利,妨害社会管理,具有社会危害性,尚不够刑事处罚的,由公安机关依照治安管理处罚法给予治安管理处罚的行为。

2. 妨害公共安全的行为　妨害公共安全的行为是指行为故意或者过失地实施了可能妨害不特定多数人的人身安全和重大公私财产的安全,尚不构成犯罪的行为。

3. 妨害公共安全的行为　妨害公共安全的行为是指故意妨碍国家机关的正常管理活动和妨碍正常社会秩序的行为。

治安管理处罚的种类分为:①警告;②罚款;③行政拘留;④吊销公安机关发放的许可证。对违反治安管理的外国人,可以附加适用限期出境或者驱逐出境。

（三）做知法、守法的好公民

1. 认真学习法律知识　中职学生不仅要认真学习老师课堂传授的法律知识,而且应该去图书馆或阅览室阅读一些法律方面的书籍,杂志或法制报纸。提高自己对法律知识的掌握程度。此外,还可以上网查阅或观看一些法制新闻或视频报道,认真了解专家对该类案件的点评,以更好地了解法律的原理、原则、更好地领会法律的精神。

2. 积极宣传法律知识　全社会成员都应学习法律知识,提高法律意识,所以中职学生在自觉学习法律知识的同时,还应积极主动地向他人宣传法律知识。特别是宣传社会主义民主与法制观念,宣传我国社会主义法律的优越性,使人们熟悉、认同社会主义法律,从而推动全社会形成尊重和维护社会主义法律权威的良好风尚。

3. 不断增强法律意识　中职学生应该具备良好的法律意识,从法律角度思考、分析和解决问题,不能凭意气用事,讲哥们义气。只有具备良好的法律意识,才能使我们的行为符合法律的要求,只有认真学习法律知识,具备良好的法律意识,才能使我们的行为符合法律的要求,也才能使自己的权益受到法律的保护。

4. 敢于同违法犯罪做斗争　违法犯罪行为既是对社会秩序的破坏,也是对法律权威的藐视。中职学生不但要学法守法,还要采取有效措施敢于与违法犯罪行为作斗争,保护事中和事后制止、检举揭发违法犯罪的行为。一是要学会正当防卫,保护自己和他人的生命财产安全,所谓正当防卫是指对正在进行行凶、杀人、抢劫、强奸、绑架以及其他严重危及人身安全的暴力犯罪,采取防卫行为,造成不法侵害人伤亡的,不属于防卫过当,仍然属于正当防卫,不负刑事责任。二是要敢于见义勇为,更要学会见义智为,使自己在和犯罪分子做斗争的过程中尽量不受不必要的伤害。

（四）坚持公民权利和义务的统一

公民是指具有一国国籍,并根据宪法和法律规定享有权利和承担义务的人。公民的基本权利包括:①平等权;②政治权利和自由;③人生自由权;④宗教信仰自由;⑤社会经济权利;⑥文化教育权利;⑦特定人的权利。

公民的基本义务:①维护国家统一和各民族团结的义务;②遵守宪法和法律,保守国家机密,爱护公共财产,遵守劳动纪律,遵守公共秩序,遵守社会公德的义务;③维护国家安全、荣誉和利益的义务;④保卫祖国、依法服兵役的义务;⑤依法纳税的义务。

作为中职学生,要既要依法行使公民的权利,又要依法履行公民的义务,要坚持公民的权利和义务相统一、个人利益与国家利益相结合、公民在法律面前人人平等的原则。

知识链接

第四十二条 受教育者享有下列权利:

(一)参加教育教学计划安排的各种活动,使用教育教学设施、设备、图书资料;

(二)按照国家有关规定获得奖学金、贷学金、助学金;

(三)在学业成绩和品行上获得公正评价,完成规定的学业后获得相应的学业证书、学位证书;

(四)对学校给予的处分不服向有关部门提出申诉,对学校、教师侵犯其人身权、财产权等合法权益,提出申诉或者依法提起诉讼;

(五)法律、法规规定的其他权利。

第四十三条 受教育者应当履行下列义务:

(一)遵守法律、法规;

(二)遵守学生行为规范,尊敬师长,养成良好的思想品德和行为习惯;

(三)努力学习,完成规定的学习任务;

(四)遵守所在学校或者其他教育机构的管理制度。

——《中华人民共和国教育法》

第二节 劳动合同法

案例 9-2

1. 小王是护理专业的毕业生,与某医院签订的劳动合同,只规定了劳动合同期限、工作内容、劳动报酬和劳动纪律等内容。

2. 小张是旅游专业的毕业生,看到某旅游公司招聘导游赴外地带旅游团的广告,便与该旅游公司达成口头协议,带团赴外地,每天的劳动报酬为 70 元,出现问题自己承担。

3. 某宾馆招聘服务员,宾馆服务专业的毕业生小刘前去应聘,招聘人员说他们签订的就业协议就是劳动合同。

请问:以上案例中存在哪些违反《劳动合同法》的问题?

一、学会依法签订劳动合同

(一)劳动合同法的含义

《中华人民共和国劳动合同法》由中华人民共和国第十届全国人民代表大会常务委员会第二十八次会议于 2007 年 6 月 29 日通过,自 2008 年 1 月 1 日起施行。共 8 章 98 条内容,包括总则、劳动合同的订立、劳动合同的履行与变更、劳动合同的解除与终止、特别规定、监督检查、法律责任附则。劳动合同法是规范劳动关系、保护劳动者的合法权益的一部重要法律。

（二）学会依法签订劳动合同

劳动合同是劳动者与用人单位（企业、国家机关、事业单位、民办非企业单位、个体经济组织等）确立劳动关系，明确双方权利和义务关系的协议。《劳动法》规定，建立劳动关系应当订立劳动合同。

1. 订立劳动合同的两个阶段

第一阶段，用人单位公布招工简章或就业规则，寻找并确定劳动者的阶段。用人单位招用劳动者时，应当如实告知劳动者工作内容、工作条件、工作地点、职业危害、安全生产状况、劳动报酬以及劳动者要求了解的其他情况；用人单位有权了解劳动者和劳动合同直接相关的基本情况，劳动者应该如实说明。

第二阶段，用人单位提出劳动合同的草案，与劳动者协商签订劳动合同。

2. 劳动合同必须具备的条款

（1）用人单位的名称、住所和法定代表人或者主要负责人；

（2）劳动者的姓名、住址和居民身份证或者其他有效证件；

（3）劳动合同期限；

（4）工作内容和工作地点；

（5）工作时间和休息休假；

（6）劳动报酬；

（7）社会保险；

（8）劳动保护、劳动条件和职业危害防护；

（9）法律、法规规定应当纳入劳动合同的其他事项。

除以上必备条款外，用人单位与劳动者可以约定试用期、培训、保守秘密、补充保险和福利待遇等其他事项。

知识链接　　　　　　　　劳动者的权利和义务

劳动者的基本权利：平等就业和选择职业的权利、取得劳动报酬的权利、休息休假的权利、获得劳动安全卫生保护的权利、接受职业技能培训的权利、享受社会保险和福利的权利、提请劳动争议处理的权利、以及法律规定的其他权利。其中，劳动权是公民享有其他一切权利的基础。

劳动者的基本义务：完成劳动任务、提高职业技能、执行劳动安全卫生规程、遵守劳动纪律和职业道德。

二、学会维护自身的合法权益

劳动者要学会维护自身的合法权益，必须学习相关法律知识，增强依法保护自己合法权益的意识。我国的宪法、劳动法、合同法、民法、社会保障法等都是维护劳动者权益的重要法律，从不同方面规定了保护劳动者的具体内容。

在现实生活中，常见的劳动侵权行为有：

1. 擅自收取抵押金　我国《劳动合同法》规定，用人单位招用劳动者，不得扣押劳动者的居民身份证和其他证件，不得要求劳动者提供担保或者以其他名义向劳动者收取财物。

2. 不按规定签订劳动合同　我国《劳动合同法》规定，用人单位自用工之日起即与劳动者建立劳动关系，用人单位应当建立职工名册备查；建立劳动关系，应订立劳动合同，已建立劳动关系,未同时订立劳动合同的,应当自用工之日起一个月之内订立书面劳动合同。用人单位与劳动者在用工前订立劳动合同的,劳动关系自用工之日建立。超过一个月不满一年未与劳动者订立书面劳动合同的,应当向劳动者每月支付两倍的工资。

3. 对女职工和未成年工未给予特殊劳动保护规定 我国劳动法律法规规定,不得安排未成年工从事矿山井下、有毒有害、国家规定的第四级体力劳动强度的劳动和未成年工禁忌劳动范围的劳动。禁止安排女职工从事矿山井下、国家规定的第四级体力劳动强度和其他禁忌从事的劳动。不得安排怀孕期女职工从事国家规定的第三级体力劳动强度的劳动和孕期禁忌从事的劳动。对怀孕 7 个月以上的女职工,不得安排其延长工作时间和值班劳动,产假不少于 90 天,不得安排哺乳期女职工从事国家规定的第三级体力劳动强度的劳动和哺乳期禁忌从事的其他劳动,不得安排其延长工作时间和夜班劳动。

4. 不依法缴纳社会保险费 我国《劳动合同法》规定,用人单位和劳动者必须依法参加社会保险,缴纳社会保险费。我国当前实施的社会保险主要有:养老保险、失业保险、医疗保险、工伤保险、生育保险。

5. 侵害劳动者的休息休假时间 根据《国务院关于职工工作时间的规定》的规定,职工每日工作 8 小时、每周工作 40 小时,因工作性质或者生产特点的限制,不能实行每日工作 8 小时、每周工作 40 小时标准工时制度的,按照国家有关规定,可以实行其他工作和休息办法。任何单位和个人不得擅自延长职工工作时间,因特殊情况和紧急任务确需延长工作时间的,按照国家有关规定执行。职工享有的假日有双休日、年休假、探亲假、婚丧假、生育假、事假、病假。用人单位不得任意延长劳动者的劳动时间或任意挤占劳动者的节假日。

6. 不按规定支付劳动报酬 我国《劳动合同法》规定,用人单位必须以法定货币支付工资,不得以实物或有价证券代替货币支付;按与劳动者约定的日期内支付工资,如遇节假日或休息日,应提前支付,至少每月支付一次;按劳动合同约定的工资标准支付,但不得低于用人单位所在地最低工资标准。

7. 劳动者解除劳动合同过程中的侵权 《劳动合同法》第三十七条规定:劳动者提前三十日以书面形式通知用人单位,可以解除劳动合同。劳动者在试用期内提前三日通知用人单位,可以解除劳动合同。

《劳动合同法》第三十八条规定:用人单位有下列情形之一的,劳动者可以解除劳动合同:未按照劳动合同约定提供劳动保护或者劳动条件的;未及时足额支付劳动报酬的;未依法为劳动者缴纳社会保险费的;用人单位的规章制度违反法律、法规的规定,损害劳动者权益的;因本法第二十六条第一款规定的情形致使劳动合同无效的;法律、行政法规规定劳动者可以解除劳动合同的其他情形。用人单位以暴力、威胁或者非法限制人身自由的手段强迫劳动者劳动的,或者用人单位违章指挥、强令冒险作业危及劳动者人身安全的,劳动者可以立即解除劳动合同,不需事先告知用人单位。

8. 用人单位恶意解除劳动合同 《劳动合同法》第三十九条规定:劳动者有下列情形之一的,用人单位可以解除劳动合同:在试用期间被证明不符合录用条件的;严重违反用人单位的规章制度的;严重失职,营私舞弊,给用人单位造成重大损害的;劳动者同时与其他用人单位建立劳动关系,对完成本单位的工作任务造成严重影响,或者经用人单位提出,拒不改正的;因本法第二十六条第一款第一项规定的情形致使劳动合同无效的;被依法追究刑事责任的。

《劳动合同法》第四十条规定:有下列情形之一的,用人单位提前三十日以书面形式通知劳动者本人或者额外支付劳动者一个月工资后,可以解除劳动合同;劳动者患病或者非因工负伤,在规定的医疗期满后不能从事原工作,也不能从事由用人单位另行安排的工作的;劳动者不能胜任工作,经过培训或者调整工作岗位,仍不能胜任工作的;劳动合同订立时所依据的客观情况发生重大变化,致使劳动合同无法履行,经用人单位与劳动者协商,未能就变更劳动合同内容达成协议的。

《劳动合同法》第四十二条规定:劳动者有下列情形之一的,用人单位不得依照本法第四十条、第四十一条的规定解除劳动合同:从事接触职业病危害作业的劳动者未进行离岗前职业健康检查,或者疑似职业病病人在诊断或者医学观察期间的;在本单位患职业病或者因工负伤并被确认丧失或者部分丧失劳动能力的;患病或者非因工负伤,在规定的医疗期内的;女职工在孕期、产期、哺乳期的;在本单位连续工作满十五年,且距法定退休年龄不足五年的;法律、行政法规规定的其他情形。

9. 滥用试用期　《中华人民共和国劳动合同法》第十九条劳动合同期限三个月以上不满一年的,试用期不得超过一个月;劳动合同期限一年以上不满三年的,试用期不得超过二个月;三年以上固定期限和无固定期限的劳动合同,试用期不得超过六个月。同一用人单位与同一劳动者只能约定一次试用期。

劳动者在试用期的工资不得低于本单位相同岗位最低档工资或劳动合同约定工资的百分之八十,并不得低于用人单位所在地的最低工作标准。

劳动者必须重视劳动合同在维护个人合法权益中的作用。合法、有效的劳动合同既是劳动者与用人单位确立劳动关系、明确双方权利与义务的协议,更是劳动者维护自身权益的重要依据,特别是在劳动者与用人单位因履行劳动合同发生纠纷,产生劳动争议时,劳动合同的重要性就更加突出。

维护个人合法权益,要熟悉解决劳动争议基本形式的规定。我国法律规定了四种解决劳动争议的方式:

(1)协商解决,通过劳动关系当事人双方互谅互让协商解决纠纷的一种形式。

(2)申请调解,要本着自愿、平等的原则进行。

(3)申请仲裁,发生效力的仲裁裁决,与人民法院判决的效力等同。

(4)提起诉讼,人民法院审理劳动争议案件是解决劳动争议,维护自己合法的劳动权益。

知识链接　　　　　　　　　　仲　　裁

仲裁是指纠纷当事人在自愿基础上达成协议,将纠纷提交非司法机构的第三者审理,由第三者作出对争议各方均有约束力的裁决的一种解决纠纷的制度和方式。仲裁在性质上是兼具契约性、自治性、民间性和准司法性的一种争议解决方式。

仲裁委员会对受理的劳动争议,应当在查明事实的基础上先行调解,调解达成协议应当制作调解书。经调解无效或调解书送达前一方反悔的,应及时进行仲裁,并制作仲裁决定书。当事人一方或双方对仲裁裁决不服的,可以自收到仲裁裁决书之日起15日内向人民法院提起诉讼,逾期不起诉,裁决即发生法律效力。当事人如果不履行裁决书所规定的义务,另一方当事人可以申请人民法院强制执行。

寻求法律帮助是劳动者依法维护自身合法权益的重要途径和方法。法律帮助主要包括法律服务和法律援助。律师事务所、公证处和法律服务所是法律服务机构,法律服务者以自己掌握的法律知识和法律工作技巧,依照法律规定的权限和程序,帮助委托人依法维护当事人的合法权益。法律援助是国家保障经济困难的公民获得必要法律服务的一项重要措施。

因此,作为一名中职学生,有必要掌握一定的劳动合同法知识,增强自己的法律意识,维护自身的合法权益,为将来就业提供法律保障。

（王　婵）

目标测试

一、单项选择题

1. 凡具有中华人民共和国国籍的人都是中华人民共和国（　　）。
   - A. 人民
   - B. 居民
   - C. 公民
   - D. 国民

2. 我国的根本大法是（　　）
   - A. 宪法
   - B. 刑法
   - C. 民法
   - D. 劳动合同法

3. 《中华人民共和国劳动合同法》已由中华人民共和国第十届全国人民代表大会常务委员会第二十八次会议于 2007 年 6 月 29 日通过,现予公布,从（　　）时候正式实施。
   - A. 2007.7.29
   - B. 2007.12.31
   - B. 2008.1.1
   - D. 2008.2.1

4. 已建立劳动关系,未同时订立书面劳动合同的,应当自用工之日起（　　）订立书面劳动合同。
   - A. 六个月
   - B. 一年内
   - C. 一个月
   - D. 二个月

5. 用人单位招用劳动者,不得扣押劳动者的（　　）和其他证件。
   - A. 用工合同
   - B. 居民身份证
   - C. 暂住证
   - D. 钱物

6. 用人单位招用劳动者,不得要求劳动者提供（　　）或者以其他名义向劳动者收取财物
   - A. 保证
   - B. 与工作无关的证件
   - C. 担保
   - D. 定金

7. 建立劳动关系,应当订立（　　）劳动合同
   - A. 要有律师担保的
   - B. 口头

C. 公正
D. 书面

8. 用人单位自用工之日起超过一个月不满一年未与劳动者订立书面劳动合同的,应当向劳动者每月支付（　　）的工资
   - A. 二倍
   - B. 一倍
   - C. 三倍
   - D. 四倍

9. 劳动合同期限三个月以上不满一年的,试用期不得超过（　　）个月
   - A. 1
   - B. 2
   - C. 3
   - D. 4

10. 法律是国家制定或认可的,由国家强制力保证实施的,以规定当事人权利和义务为内容的具有普遍约束力的（　　）
    - A. 行为规范
    - B. 社会规范
    - C. 行为准则
    - D. 规章制度

二、思考题

某用人单位与劳动者之间的劳动合同期限为 2 年,该用人单位与劳动者约定的试用期是 6 个月,试用期内的月工资为 1000 元,试用期满后的月工资为 1500 元,劳动者在该单位按照合同约定完成了 6 个月的试用期工作,而且用人单位按照合同规定支付了试用期的全部工资。

请思考:

1. 该用人单位与劳动者约定的试用期期限是否合法? 如果违法,用人单位与劳动者最多可以约定试用期的期限为多长?

2. 用人单位实际应当承担的成本为多少?

第十章 医务人员应遵守的法律法规

为了能尽快适应不断变化的医疗环境,医务人员必须认真学习法律知识,严格遵守法律、法规及各项诊疗护理规范、常规。做好各项护理记录,学会收集证据和利用证据,自觉地依靠法律手段维护护患双方的合法权益,运用法律武器维护医护人员的正当权利。

第一节 护士条例和护士执业法律责任

案例 10-1

程某,18 岁,毕业于某中专卫校护理专业,因多方面的原因未能取得护士执业资格证书,只好在熟人开的私人诊所上班。有一天,家住同一小区的张大爷因感冒发烧到该诊所就诊,医生诊断后给予口服感冒冲剂、肌注氨苄青霉素等治疗。程某见是熟人,便没有对张大爷做皮试,直接给张大爷进行了肌注氨苄青霉素。谁知没过几分钟,张大爷却出现了过敏反应,后经医院抢救无效死亡。

请问:程某能从事护理工作吗? 程某应该承担什么样的法律责任?

一、护士的含义和执业护士条件

（一）护士的含义

护士是指经执业注册取得护士执业证书,依照我国《护士条例》规定从事护理活动,履行保护生命、减轻痛苦、增进健康职责的卫生技术人员。

（二）执业护士的条件

《护士条例》规定成为注册执业护士的四个条件。

（1）具有完全民事行为能力;

（2）在中等职业学校、高等学校完成国务院教育主管部门和国务院卫生主管部门规定的普通全日制 3 年以上的护理、助产专业课程学习,包括在教学、综合医院完成 8 个月以上护理临床实习,并取得相应学历证书;

（3）通过国务院卫生主管部门组织的护士执业资格考试;

（4）符合国务院卫生主管部门规定的健康标准。

二、护士执业资格考试

（一）申请参加考试的条件

根据《护士执业资格考试办法》第十二条规定,凡申请参加护士执业资格考试必须具备两个基本条件。

1. 专业实践要求 必须接受过护理或者助产专业教育,即在中等职业学校、高等学校完成国务院教育主管部门和国务院卫生主管部门规定的普通全日制 3 年以上的护理、助产专业课程学习,包括在教学、综合医院完成 8 个月以上护理临床实习。

2. 学历要求 必须取得普通中等卫(护)校的毕业文凭或高等医学院校大专以上文凭。

(申请人为在校应届毕业生的,应当持有所在学校出具的应届毕业生毕业证明,到学校所在地的考点报名,学校可以为本校应届毕业生办理集体报名手续。申请人为非应届毕业生的,可以选择到本人工作单位所在地或人事档案所在地报名。)

（二）申请参加考试的资料

《护士执业资格考试办法》规定,凡申请参加护士执业资格考试的人员,应当在公告规定的期限内报名,并提交以下材料。

（1）护士执业资格考试报名申请表;

（2）本人身份证明;

（3）近6个月二寸免冠正面半身照片3张;

（4）本人毕业证书(申请人为在校应届毕业生的,应当持有所在学校出具的应届毕业生毕业证明);

（5）报考所需的其他材料。

（三）申请参加考试的流程

护士执业资格考试遵循公平、公开、公正的原则。护士执业资格考试实行国家统一考试制度。统一考试大纲,统一命题,统一合格标准。护士执业资格考试原则上每年举行一次,具体考试日期在举行考试3个月前向社会公布,可登陆中国卫生人才网(http://www. 21wecan. com/)查看。

（四）考试内容

护士执业资格考试内容包括专业实务和实践能力两个科目。一次考试通过两个科目为考试成绩合格。考试成绩合格者,才可以申请护士执业注册。考试由国家医学考试中心具体组织实施,地、市级以上卫生行政部门的医政部门承担本地区的考试实施工作。考试采用标准化考试模式,考试内容涉及基础知识、相关专业知识、专业知识、专业实践能力4个科目,包括基础护理学、内科护理学、外科护理学、妇产科护理学、儿科护理学、护理伦理学、护理心理学、卫生法律法规等课程。

（五）护士执业注册

1. 首次注册

《条例》第七条规定:护士执业注册应当向拟执业地省、自治区、直辖市人民政府卫生主管部门提出申请。申请首次护士注册必须填写《护士注册申请表》,缴纳注册费,并向注册机关缴验下列资料:①护士执业注册申请审核表;②申请人身份证明;③申请人学历证书及专业学习中的临床实习证明;④护士执业资格考试成绩合格证明;⑤省、自治区、直辖市人民政府卫生行政部门指定的医疗机构出具的申请人6个月内健康体检证明;⑥医疗卫生机构拟聘用的相关材料。

注册机关在受理注册后,应当在20日内完成审核,审核合格的,予以注册并发给护士执业证书;审核不合格的,应当书面通知申请者。

护士执业注册申请,应当自通过护士执业资格考试之日起3年内提出;逾期提出申请的,除应当具备执业护士规定的基本条件外,还应当在符合国务院卫生主管部门规定条件的医疗卫生机构接受3个月临床护理培训并考核合格。

2. 再次注册

《条例》第十条规定：护士注册的有效期为 5 年。护士连续注册，应当在护士执业注册有效期届满前 30 日向执业地省、自治区、直辖市人民政府卫生主管部门申请延续注册。收到申请的卫生主管部门对具备本条例规定条件的，予以延续，延续执业注册有效期为 5 年；对不具备本条例规定条件的，不予延续，并书面说明理由。

三、护士执业法律责任

护士执业行为从我国现有的法律规定来看，它既是一种民事法律行为，也是一种行政法律行为。因此，护士在执业过程中若有违反有关法律法规，医疗卫生机构和护士即会被追究相应的行政责任、民事责任和刑事责任。侵犯护士依法执业而造成护士人身损害的，同样也要被追究相应的责任。

（一）行政责任

行政责任是指因违反行政法或因行政法规定而应承担的法律责任。在我国，违反卫生法主要承担的是行政责任。护士的行政责任：

1. 护士在执业活动中有下列情形之一的，由县级以上地方人民政府卫生主管部门依据职责分工责令限期改正，给予警告；情节严重的，暂停其 6 个月以上 1 年以下执业活动，直至由原发证部门吊销其护士执业证书：①发现患者病情危急未立即通知医师的；②发现医嘱违反法律、法规、规章或者诊疗技术规范的规定，未依照本条例第十七条的规定提出或者报告的；③泄露患者隐私的；④发生自然灾害、公共卫生事件等严重威胁公众生命健康的突发事件，不服从安排医疗救护的。

2. 护士在执业活动中造成医疗事故的，依照医疗事故处理的有关规定承担法律责任。

（二）民事责任

护士如果违反了法律、法规、规章和诊疗护理规范、常规，造成患方人身损害的，医疗卫生机构和护士依侵权责任法也应承担民事责任。医疗损害承担民事责任的方式主要有停止侵害、排除妨碍、消除危险、返还财产、恢复原状、赔偿损失、消除影响和赔礼道歉 8 种，主要的责任方式是赔偿损失，也包括精神损害赔偿。

知识链接　　　　　　　行政责任、民事责任、刑事责任

1. 行政责任是指因违反行政法或因行政法规定而应承担的法律责任。在我国，违反卫生法主要承担的是行政责任。

2. 民事责任是指由于违反民事法律、违约或者由民法规定所应承担的一种财产责任。

3. 刑事责任是指行为人因其犯罪行为所必须承受的，由司法机关代表国家所确定的否定性法律后果。

（三）刑事责任

在护理实践过程中有以下方面的刑事责任：

1. 依照《刑法》第三百三十五条规定，护士由于严重不负责任，造成就诊人死亡或者严重损害就诊人身体健康的后果，则构成医疗事故罪。

2. 扰乱医疗秩序，阻碍护士依法开展执业活动，侮辱、威胁、殴打护士，或者有其他侵犯护士合法权益行为的，由公安机关依照治安管理处罚法的规定给予处罚；构成犯罪的，依法追究刑事责任。

3. 卫生主管部门的工作人员未依照本条例规定履行职责,在护士监督管理工作中滥用职权、徇私舞弊,或者有其他失职、渎职行为的,依法给予处分;构成犯罪的,依法追究刑事责任。

第二节 执业医师法

案例 10-2

2007 年 3 月,某市卫生监督所接到群众举报,经调查,自 2004 年 12 月始至案发日,郑某在市区其自己家里从事诊疗活动,且未取得医师资格证书,为非医师行医。郑某以前办过另一地址的《医疗机构执业许可证》,但于 2003 年年底已过期。另外,经登记本统计和当事人确认,三年的诊疗总收入 619173 元。

请问:郑某的行为是否违法? 如果违法违反了哪项法律? 应做何处理?

《中华人民共和国执业医师法》是为了加强医师队伍的建设,提高医师的职业道德和业务素质,保障医师的合法权益,保护人民健康,制定的法规。由中华人民共和国第九届全国人民代表大会常务委员会第三次会议于 1998 年 6 月 26 日修订通过,自 1999 年 5 月 1 日起实施。

一、考试与注册

(一) 具有下列条件之一的,可以参加执业医师资格考试。

1. 具有高等学校医学专业本科以上学历,在执业医师指导下,在医疗、预防、保健机构中试用期满一年的;

2. 取得执业助理医师执业证书后,具有高等学校医学专科学历,在医疗、预防、保健机构中工作满二年的;具有中等专业学校医学专业学历,在医疗、预防、保健机构中工作满五年的。

第十条规定:具有高等学校医学专科学历或者中等专业学校医学专业学历,在执业医师指导下,在医疗、预防、保健机构中试用期满一年的,可以参加执业助理医师资格考试。

(二) 医师执业注册制度

1.《医师法》第十三条规定:取得医师资格的,可以向所在地县级以上人民政府卫生行政部门申请注册。

除有本法第十五条规定的情形外,受理申请的卫生行政部门应当自收到申请之日起三十日内准予注册,并发给由国务院卫生行政部门统一印制的医师执业证书。医疗、预防、保健机构可以为本机构中的医师集体办理注册手续。

2.《医师法》第十四条规定:医师经注册后,可以在医疗、预防、保健机构中按照注册的执业地点、执业类别、执业范围执业,从事相应的医疗、预防、保健业务。未经医师注册取得执业证书,不得从事医师执业活动。

二、法律责任

为了加强医师队伍的建设,提高医师的职业道德和业务素质,保障医师的合法权益,保护人民健康,医师要明确自己在执业活动中的法律责任。

《医师法》第三十六条规定:以不正当手段取得医师执业证书的,由发给证书的卫生行政部门予以吊销;对负有直接责任的主管人员和其他直接责任人员,依法给予行政处分。

《医师法》第三十七条规定:医师在执业活动中,违反本法规定,有下列行为之一的,由县级以上人民政府卫生行政部门给予警告或者责令暂停六个月以上一年以下执业活动;情节严重的,吊销其执业证书;构成犯罪的,依法追究刑事责任。

（一）违反卫生行政规章制度或者技术操作规范,造成严重后果的;

（二）由于不负责任延误急危患者的抢救和诊治,造成严重后果的;

（三）造成医疗责任事故的;

（四）未经亲自诊查、调查,签署诊断、治疗、流行病学等证明文件或者有关出生、死亡等证明文件的;

（五）隐匿、伪造或者擅自销毁医学文书及有关资料的;

（六）使用未经批准使用的药品、消毒药剂和医疗器械的;

（七）不按照规定使用麻醉药品、医疗用毒性药品、精神药品和放射性药品的;

（八）未经患者或者其家属同意,对患者进行实验性临床医疗的;

（九）泄露患者隐私,造成严重后果的;

（十）利用职务之便,索取、非法收受患者财物或者牟取其他不正当利益的;

（十一）发生自然灾害、传染病流行、突发重大伤亡事故以及其他严重威胁人民生命健康的紧急情况时,不服从卫生行政部门调遣的;

（十二）发生医疗事故或者发现传染病疫情,患者涉嫌伤害事件或者非正常死亡,不按照规定报告的。

（十三）使用假学历骗取考试得来的医师证的。

第三十八条　医师在医疗、预防、保健工作中造成事故的,依照法律或者国家有关规定处理。

第三十九条　未经批准擅自开办医疗机构行医或者非医师行医的,由县级以上人民政府卫生行政部门予以取缔,没收其违法所得及其药品、器械,并处十万元以下的罚款;对医师吊销其执业证书;给患者造成损害的,依法承担赔偿责任;构成犯罪的,依法追究刑事责任。

第四十条　阻碍医师依法执业,侮辱、诽谤、威胁、殴打医师或者侵犯医师人身自由、干扰医师正常工作、生活的,依照《中华人民共和国治安管理处罚法》的规定处罚;构成犯罪的,依法追究刑事责任。

第四十一条　医疗、预防、保健机构未依照本法第十六条的规定履行报告职责,导致严重后果的,由县级以上人民政府卫生行政部门给予警告;并对该机构的行政负责人依法给予行政处分。

第四十二条　卫生行政部门工作人员或者医疗、预防、保健机构工作人员违反本法有关规定,弄虚作假、玩忽职守、滥用职权、徇私舞弊,尚不构成犯罪的,依法给予行政处分;构成犯罪的,依法追究刑事责任。

第三节　医护人员的权利和义务

案例 10-3

2007年11月21日下午4点左右,孕妇李丽云因难产被肖志军送进北京朝阳医院京西分院,肖志军自称是孕妇的丈夫。面对身无分文的夫妇,医院决定免费入院治疗,而面对生命垂危的孕妇,肖志军却拒绝在医院剖腹产手术上面签字,医院几十名医生、护士束手无策,在抢救了3个小时后(1点20分),医生宣布孕妇抢救无效死亡。

请问:患者死亡的这个后果是否应由医院来承担?

一、护士的权利和义务

随着社会的不断发展和进步,人们对健康的需求越来越高,护士作为与医师并肩工作的伙伴,其工作越来越重要。然而,护士工作环境与压力需改善和缓冲的地方也越显紧迫。因此,在法规上规定护士的权利和义务,有助于护士的个人成长与整个队伍的健康发展。

1. 护士的权利　根据《护士条例》的规定,执业护士被赋予了以下五个方面的法定权利。

(1) 人格尊严不受侵犯的权利:《护士条例》第三条规定护士人格尊严不受侵犯。人格权是基本人权,是宪法赋予每个公民的基本权利,如人格权得不到应有的尊重,则其他的权利也无法正常行使。

(2) 安全保障权:《护士条例》第十三条规定了护士执业时的安全保障权利。包括享有适当的卫生防护,医疗保健的权利;享有职业健康监护的权利;执业时患职业病,有依法获得赔偿的权利。这些规定有力地保护了护士的人身与财产安全,为护士的工作提供了安全可靠的环境。

(3) 获得报酬的权利:《护士条例》第十二条规定了护士依法有获得报酬的权利。主要包括:按照国家有关规定获取工资报酬,享受福利待遇,参加社会保险的权利。任何单位或个人克扣护士工资,降低或取消其福利等待遇的做法都是违法的。

(4) 专业发展权:《护士条例》第十四条规定了护士有依法获得与本人业务能力和学术水平相应的专业技术职务、职称的权利。专业技术职务与职称的评定是对护士工作水平的法律认可与尊重。护士还享有参加专业培训,从事学术研究和交流,参加行业协会与专业学术团体的学习研究结社权。

(5) 医疗护理权:《护士条例》第十五条规定了护士享有医疗护理权。它主要包括:护士依法有获得与疾病诊疗及护理相关信息的权利;有获得其他与履行护理职责相关的权利;有对医疗卫生机构和卫生主管部门的工作批评建议权。医疗护理权是护士执业的最核心的权利。

护士在享有法定权利的同时,也必须履行自己的义务。

2. 护士的义务　根据《护士条例》的规定,执业护士的法定义务有如下五个方面。

(1) 依法执业的义务:《护士条例》第十六条规定了护士依法执业的义务。依法既是护士的权利,更是护士的义务;所谓"法"在此的含义是比较宽泛的概念,它既是指法律法规,但更多的是指部门的规章制度。

(2) 告知的义务:《护士条例》第十七条规定了护士在执业中的告知义务。包括:患者病情危急是应当立即通知医师;发现医嘱违法时应当及时告知开具医嘱的医师;若医师无法通知或医师不认同时,应当向该医师所在科室的负责人或医疗卫生机构负责人报告等。

(3) 先行处置的义务:《护士条例》第十七条第二款规定护士在紧急情况下为抢救垂危患者生命,若医生不在场或无法联系时,应当先行实施必要的紧急救护,为挽救患者生命争取宝贵的救助时间。

(4) 保护患者隐私的义务:《护士条例》第十八条规定护士在执业过程中,应当尊重、关心、爱护患者,切实保护患者的隐私。

(5) 参与公共卫生与疾病预防控制的义务:《护士条例》第十九条规定护士有义务参与公共卫生和疾病预防控制工作。尤其是在发生自然危害、公共卫生事件等严重威胁公众生命健康的突发事件时,护士应当服从组织安排,参加医疗救护。如果构成违法,该违法行为将受到相应处罚。

病人的权利:1. 生命健康权;2. 人格尊严权;3. 享受医疗服务权;4. 知情同意权;5. 隐私权;6. 医疗监督权;7. 获得医疗损害赔偿的权利。

病人的义务:1. 配合医疗的义务;2. 尊重医疗行为人人格尊严的义务;3. 支付合理医疗费用的义务;4. 接受强制治疗的义务;5. 配合医学教育的义务。

二、医师的权利和义务

医师的权利是指依法取得医师执业资格的医疗主体在医疗服务过程中所享有的法定利益。该权利是医疗行为人开展医疗服务的条件和实现自身权益的基础。

医师的义务是指医疗主体在医疗服务过程中应当对医疗服务接受者履行的法定承诺或责任。

(一) 医师的权利

我国法律法规对医师的权利作了如下七个方面的规定。

1. 医学治疗权 《中华人民共和国执业医师法》第二十一条第一款规定:在注册的执业范围内,进行医学诊查、疾病调查、医学处置、出具相应的医学证明文件,选择合理的医疗、预防、保健方案。这是对医学治疗权内容的具体界定。

2. 医学教育与医学研究权 医师有接受继续医学教育和教授临床医学知识给实习医生的权利及进行临床医学研究的权利。但必须尊重病人的知情权及隐私权。

3. 人格尊严权 《中华人民共和国执业医师法》第二十一条第五款规定:在执业活动中,人格尊严、人身安全不受侵犯。医师的人格尊严主要涉及荣誉权、名称权、人身自由权和人身不受侵犯权。

4. 医学报告权 《中华人民共和国执业医师法》第二十九条规定:医师发生医疗事故或者发现传染病疫情时,应当按照有关规定及时向所在机构或者卫生行政部门报告。医师发现患者涉嫌伤害事件或者非正常死亡时,应当按照有关规定向有关部门报告。

5. 医学上的自由裁量权 因为临床医学具有自然科学与社会科学的双重属性。在一定条件下,临床医学可以说是一门经验科学,存在着很大的不确定性与非精细性及个体经验积累的差异性。因此,应在临床医疗处置上赋予医师、护士合理的、有限的自由裁量权。其目的是更好地为病人进行健康服务。

6. 医疗费用支付请求权 医疗行为人提供医疗服务后按《民法》等价有偿原则,有权要求医疗服务接受者支付相应医疗费用。如医疗服务接受者拒不履行该支付义务,则医疗行为人可提起请求支付诉讼。

7. 豁免权 从对医疗行为的本质属性的分析中我们已知该行为是一种具有高度风险性的行为,为了医学的发展给人类带来更多的健康利益,同时,从根本的出发动机考虑个体病人生命健康利益的最大化,容许医学上的探索性医疗行为,并对合理风险造成的病人人身损害的不良后果免于追究医疗行为人的刑事、行政、民事责任,此即为豁免权。

(二) 医师的义务

按照现行的相关法律法规,我国规定医师的义务具有如下七个方面。

1. 依法遵约提供医疗服务的义务 医疗行为人提供的医疗服务,应当按照《执业医师法》、《护士条例》、《医疗机构管理条例》及相关规定,如质如量地履行医疗服务的义务。如有特殊约定的,则应当按照双方约定的内容履行,但这种约定不能违背国家法律法规的规定,不得有害公序良俗和社会的公共利益,否则属无效约定。

2. 说明义务　《侵权责任法》第七章第五十五条规定:医务人员在诊疗活动中的说明义务,但其说明内容的规定仍不太完全。我们认为医疗行为人必须就医疗行为主体资格、医疗业务范围、技术装备、技术水平、治疗方法(包括药物、手术及其他治疗手段)的可选择性、风险与可能的损害、药物及服务价格、健康问题干预等对医疗服务接受者作必要的、合理的说明,而且这种说明必须以明示的方式保障患者及其亲属清晰地知晓,以利医疗服务接受者能正确地行使选择权和自决权。该项义务是医疗服务接受者行使知情同意权的基础和前提条件,因此在立法上应当确立其应有的法律地位。

3. 注意义务　医疗行为的对象是人,因此秉着对人生命价值的尊重,在法律上赋予医疗行为人高度的注意义务是人类社会道德的内在要求。注意的范围是服务对象的人身安全、财产安全、精神不受侵扰;注意的标准当以有关法律法规及部门或行业技术规范为尺度。

4. 诚信义务　主要内容包括:(1)医疗行为人不得出具虚假性医学文件,不得涂改、匿藏、销毁医疗资料(包括纸质、电子文字与图像资料,人体组织切片,人身血液、痰液及其他体液和排泄物涂片资料)。(2)医疗行为人不得以其医学治疗权为自己谋求不合理或不法利益。(3)医疗行为人不得以虚假理由拒绝为急危病人、贫穷病人、治理障碍或精神异常病人诊疗疾病。(4)医疗行为人不得以谋取经济利益为目的,在不具备相应接诊条件下接诊或留诊病人;不得以非法医疗资格从事医疗行为;不得以经济利益为目的,并未经病人同意或授权就利用病人名称、肖像及其他隐私。

5. 出诊义务　医疗行为人在接到病人的求救出诊的信息时,除不可抗力的原因外,不得以其他任何理由拒绝出诊或故意延误出诊。为此,医疗行为人应作好相应的出诊准备,并保持随时可出诊的良好状态。

6. 制作、保存病历的义务　我国的《医疗机构管理条例实施细则》第五十三条规定,医疗机构的门诊病历的保存期不得少于 15 年,住院病历的保存期不得少于 30 年。同时,应病人的要求,有为病人复印病历,备份病人人体器官、组织影像,组织切片资料、各种体液、排泄物检查结果的资料的义务。

7. 健康宣教和康复指导义务　从政治层面讲,医疗行为人负有从专业角度向政府提出维护和增进公民健康建议的义务;从职业道德的层面讲,对公民或病人宣讲健康知识,为病人依据病情提出康复(休息、运动、饮食、药物等康复措施)的意见和计划是医疗行为人专业职能的自然延伸,同时也是一项基本的专业义务。在整体医学模式条件下,该义务的履行尤显重要。

(王　婵)

目 标 测 试

一、单项选择题

1. 申请注册的护理专业毕业生,应在教学或综合医院完成临床实习,其时限至少为(　　)
   A. 6 个月　　　　B. 8 个月
   C. 10 个月　　　D. 12 个月

2.《护士条例》的根本宗旨是(　　)
   A. 维护护士合法权益
   B. 促进护理事业发展,保障医疗安全和人体健康
   C. 规范护理行为
   D. 保持护士队伍稳定

3. 护士执业注册的有效期为( )

    A. 2 年　　　　　　　B. 5 年

    C. 8 年　　　　　　　D. 10 年

4. 护士申请延续注册的时间应为( )

    A. 有效期届满前半年　B. 有效期届满前 30 日

    C. 有效期届满后 30 日　D. 有效期届满后半年

5. 收到护士执业注册申请的卫生主管部门应当自收到申请之日起多少个工作日之内作出决定准予注册或不予注册( )

    A. 20　　　　　　　　B. 30

    C. 40　　　　　　　　D. 50

6. 有关护士的权利与义务的叙述,下列正确的是( )

    A. 护理人员所执行的所有业务均应有医嘱指示

    B. 患者的保健措施与执行,不属于护理记录范畴

    C. 护理人员的记录不需要保存

    D. 遇有危急患者,必要时先行给予紧急救护处理

    E. 为了科研的需要,可以暴露患者的一切信息

7. 以下属于护士权利的是( )

    A. 遵守法律、法规、规章和诊疗技术规范的规定

    B. 保护患者隐私

    C. 对医疗卫生机构和卫生主管部门的工作提出意见和建议

    D. 发现患者病情危急,立即通知医生

    E. 能力不足时不能参加患者的抢救

8. 以下属于护士义务的是( )

    A. 按照国家有关规定获取工资报酬、享受福利待遇,参加社会保险

    B. 获得与本人业务能力和学术水平相应的专业技术职务、职称

    C. 参与公共卫生和疾病预防控制

    D. 对医疗卫生机构和卫生主管部门的工作提出意见和建议

    E. 从事有感染传染病危险工作的护士,应当接受职业健康监护

9. 国家实行医师执业注册制度。取得医师资格的,需要向什么机构申请注册( )

    A. 县级以上人民政府卫生行政部门申请注册

    B. 省级以上人民政府卫生行政部门申请注册

    C. 市级以上人民政府卫生行政部门申请注册

    D. 所在地的县级以上人民政府卫生行政部门申请注册

10. 医师在执业活动中必须履行下列义务,除了( )

    A. 尊重患者,保护患者的隐私

    B. 宣传卫生保健知识,对患者进行健康教育

    C. 努力钻研业务,更新知识,提高专业技术水平

    D. 参加所在单位的民主管理

11. 医师在执业活动中不享有的权利是( )

    A. 获得与本人执业活动相当的医疗设备,基本条件

    B. 参加专业学术团体

    C. 对病人进行无条件临床实验治疗

    D. 在执业范围内进行疾病诊查和治疗

12. 未经医师注册取得执业证书的( )

    A. 只准从事医疗业务

    B. 可以重新申请医师执业注册

    C. 可以从事相应的医疗、预防、保健业务

    D. 不得从事医师执业活动

二、思考题

    案例:林某,女,36 岁,因头晕、咳嗽、咽痛 2 天,于 2003 年 3 月 13 日上午 10 时许到某医院门诊部就诊。就诊医师检查后诊断为上呼吸道感染。予以口服感冒冲剂、喉风散,肌注青霉素等治疗。林某考虑到家里还有青霉素针剂,于是没有取药,当日下午 16 时许,林某自带青霉素针剂找到与其相熟的该门诊部护士刘某,一起到门诊部要求不作皮试直接注射青霉素,遭到值班医师的拒绝。半小时后,林某又找到刘某,说自己怕痛,以前也未作皮试注射过青霉素,要她帮忙直接注射。刘某碍于情面,竟违反规章制度和操作常规,应其要求未作皮试,为林某直接注射青霉素。注射过程中,林某当即出现心慌、胸闷、四肢发冷等过敏反应,继而心跳、呼吸骤停,刘某立即停止注射,报告医师,采取肌注肾上腺素、洛贝林等抢救措施。最终抢救无效,于当晚 20 时许死亡。请思考:本案中医务人员是否构成犯罪? 如果构成犯罪,是什么罪?

参考文献

陈晓红,黄人健.2013.护理员[M].北京:人民卫生出版社

葛可佑.2012.公共营养师[M].北京:中国劳动社会保障出版社

蒋乃平.2013.职业生涯规划[M].北京:高等教育出版社

姜小鹰.2011.护理伦理学[M].北京:人民卫生出版社

罗双平.2008.职业选择与事业导航:职业生涯规划技术[M].北京:机械工业出版社

马晓慧.2013.高职学生职业生涯规划与就业创业指导[M].郑州:黄河水利出版社

石静.2012.护理职业生涯规划[M].北京:高等教育出版社

王慧文.2014.卫生检验员[M].北京:人民军医出版社

温树田.2008.就业与创业指导[M].北京:人民卫生出版社

吴丽荣.2009.护士职业生涯规划[M].南京:江苏科学技术出版社

许旷宇.2008.医学生职业规划现状及对策探究[J].川北医学院学报

姚峥嵘.2013.大学生职业生涯规划与就业创业指导[M].南京:南京大学出版社

张程山,李毅.2012.职业道德与职业生涯规划[M].北京:科学出版社

张伟.2013.职业道德与法律[M].北京:高等教育出版社

张再生.2007.职业生涯规划[M].天津:天津大学出版社

祝益民,方立珍.2008.护士应聘面试通关[M].长沙:湖南科学技术出版社

目标检测参考答案

第一章

一、单项选择题

1. C 2. C 3. A 4. B 5. D 6. B 7. A 8. A 9. B
10. B

二、思考题(略)

第二章

一、单项选择题

1. D 2. D 3. A 4. A 5. B 6. A 7. D 8. B 9. A
10. C

二、思考题(略)

第三章

一、单项选择题

1. A 2. C 3. D 4. D 5. A 6. C 7. A 8. B 9. B
10. B

二、思考题(略)

第四章

一、单项选择题

1. A 2. C 3. D 4. D 5. A 6. A 7. A 8. A 9. C
10. C

二、思考题(略)

第五章

一、单项选择题

1. B 2. D 3. B 4. B 5. D 6. D 7. A 8. C 9. C
10. C

二、思考题(略)

第六章

一、单项选择题

1. C 2. B 3. D 4. D 5. D 6. E 7. B 8. A 9. E
10. A 11. B 12. A 13. B 14. C 15. A

二、思考题(略)

第七章

一、单项选择题

1. C 2. B 3. B 4. E 5. E 6. E 7. E 8. B 9. D
10. D 11. B 12. C 13. B 14. A 15. B

二、思考题(略)

第八章

一、单项选择题

1. B 2. E 3. E 4. E 5. A 6. C 7. A 8. C 9. C
10. C 11. A 12. B 13. B 14. C 15. C

二、思考题(略)

第九章

一、单项选择题

1. C 2. A 3. B 4. C 5. B 6. C 7. D 8. A 9. A 10. B

二、思考题

分析:用人单位与劳动者约定的试用期违反《劳动合同法》的规定。按照《劳动合同法》第十九条规定,劳动合同期限一年以上不满三年的,试用期不得超过二个月。因此用人单位与劳动者最多可以约定二个月的试用期。劳动者按照合同约定履行了6个月的试用期,其中4个月是违法试用期,那么用人单位除了不能索回劳动者已经获得的6个月的试用期工资6000元外,还必须按照试用期满后的月工资标准1500元,再向劳动者赔偿这4个月的工资6000元。

第十章

一、单项选择题

1. B 2. B 3. B 4. B 5. A 6. E 7. C 8. C 9. D
10. D 11. C 12. D

二、思考题(略)